語言的殺傷力是巨大的，如果您非要在嘴巴上爭一下，倒不如讓步為好。

為人處世也就應該處處把握恰當的分寸，永遠給自己留下一條退路。

20幾歲，
Twenty Something, All at Once
一次到位

侯紀文 編著

幸福
Happiness

為人處世也就應該處處把握恰當的分寸，
永遠給自己留下一條退路。
我們從小就被家長灌輸過人生意義的答案。
在此後漫長的歲月裡，老師和各種類型的教育，
也都不斷地向我們灌輸人生意義的補充版。
但是有多少人把這種外在的框架，當成了自己內在的目標，
並為之下定了奮鬥終生的決心？
一個人要過怎樣的生活，在於自己的思想，
成功與否並不重要，重要在於是否有意義，
希望每個20幾歲的年輕人都能奮鬥的有意義，活出人生的真意。

「爭」在於不失分寸，「讓」在於敢捨一切。

全方位學習系列：35

20幾歲，一次到位

編　　著　　侯紀文
出 版 者　　讀品文化事業有限公司
執行編輯　　林美娟
美術編輯　　林子凌
社　　址　　22103　新北市汐止區大同路三段 194 號 9 樓之 1
　　　　　　TEL／(02)86473663
　　　　　　FAX／(02)86473660
總 經 銷　　永續圖書有限公司
劃撥帳號　　18669219
地　　址　　22103　新北市汐止區大同路三段 194 號 9 樓之 1
　　　　　　TEL／(02)86473663
　　　　　　FAX／(02)86473660
E－ｍａｉｌ　　yungjiuh@ms45.hinet.net
網　　址　　www.foreverbooks.com.tw
法律顧問　　中天國際法律事務所　涂成樞律師、周金成律師
CVS代理　　美璟文化有限公司
　　　　　　TEL／(02)27239968
　　　　　　FAX／(02)27239668

出 版 日　　2012年05月

國家圖書館出版品預行編目資料

20幾歲,一次到位 / 侯紀文編著. -- 初版. --
　　新北市：讀品文化，民101.05
　　面；　公分. -- (全方位學習系列；35)
　　ISBN 978-986-6070-33-4(平裝)
　　1.人際關係 2.成功法
177.3　　　　　　　　　　　　　　101004049

生活在繁華都市中的年輕人，每天都為了生計而奔忙，很容易被各式各樣的物欲迷住了眼睛。在他們的眼裡只有來往的車流、上司和周圍人群的嘴臉、各式各樣的樓層，有點時間休息時，也只是對著電視或者電腦。他們的心中根本沒有周圍的綠色植物、天空中不斷遊走的流雲、夜晚燦爛的星光和月色，他們的心僅僅局限於都市中的那一個小小的片斷。在這種狹窄的心靈空間生活久了，怎能獲得成功和幸福的感受？怎能不心生疾病呢？

一個人要想使自己達到一種很高的境界，必須把自己的心域拉到無限遠，不能局限於眼前所得，要思考生的意義。我們活在這個世界上不是為活著而活著，而是應怎樣去生活。時間的意義不是讓人們去衡量日夜的交替，也不是讓人們記錄自己的皺紋和衰老。它不是空洞的滴答聲，不是渾渾噩噩地吃飯和睡覺，而是在時間的長河中，人們找到了度日的信念，獲得心靈上的滿足。

對於人類來說，生命本身實質是沒有內涵的，它需要人在時間裡進行實踐，然後才能確立自己的內涵，從而賦予其意義。

在一所很有名的大學裡，一位著名女作家正在演講。從她演講一開始就不斷地有紙條遞上來。有一張紙條上的問題是：「人生有什麼意義？請你務必說實話，因為我們已經聽過太多言不由衷的假話了。」

她當眾把這個問題唸出來了，唸完以後臺下響起了掌聲。她說：「你們今天提出這個問題很好，我會講真話。我在西藏的雪山之上，面對著浩瀚的蒼穹和壁立的冰川，如同一個茹毛飲血的原始人，反覆地思索過這個問題。我相信，一個人在他年輕的時候，是會無數次地問自己——我的一生，到底要追索怎樣的意義？

「我想了無數個晚上和白天，終於得到了一個答案。今天，在這裡，我將非常負責地對你們說，我思索的結果是，人生是沒有任何意義的！」

這句話說完，全場出現了短暫的寂靜，如同曠野。但是，緊接著就響起了暴風雨般的掌聲。這可能是這位作家在演講中獲得的最熱烈的掌聲。在以前，她從來不相信有什麼「暴風雨般的掌聲」這種話，覺得那只是一個拙劣的比喻。但這一次，她相信了。她趕快用手做了一個「暫停」的手勢，但掌聲還是綿延了很長時間。

她接著又說：「大家先不要忙著給我鼓掌，我的話還沒有說完。我說人生是沒有意義的，沒有錯，但是，我們每一個人要為自己確立一個意義！是的，關於人生意義

的討論，充斥在我們的周圍。很多說法，由於熟悉和重複，已讓我們從熟視無睹滑到了厭煩，可是這不是問題的真諦。真諦是，別人強加給你的意義，無論它多麼正確，如果它不曾進入你的心理結構，它就永遠是身外之物。比如，我們從小就被家長灌輸過人生意義的答案。在此後漫長的歲月裡，老師和各種類型的教育，也都不斷地向我們灌輸人生意義的補充版。但是有多少人把這種外在的框架，當成了自己內在的目標，並為之下定了奮鬥終生的決心？」

那一天講演結束之後，所有聽演講的同學都有這樣一種感覺：他們覺得最大的收穫就是那句：「人生是沒有意義的，你要為之確立一個意義。」

現實中，人們常說：「這是在數著日子過嘍」，「如今只有吃喝等死了」……說這種話的人為什麼不去找一些有意義的事做呢？殊不知，真正對有意義的事投入熱情的人，是不會在意時間的流逝的。

一個人要過怎樣的生活，在於自己的思想，成功與否並不重要，重要在於是否有意義。希望每個20幾歲的年輕人都能奮鬥的有意義，活出人生的真意。

PART 01

圓融處世讓一切更自在

PART 02
會做事，更要會做人

PART 03

做事懂得隨機應變的人
會少走冤枉路

PART 04
會說話才會受歡迎

一個人要想在辦事中取得成功，就要學會適時地利用沉默，有時發揮的作用可能反而要比說話大得多。

圓融

處世讓一切更

自在。

留條後路，全身而退

「不給自己留退路」，這作為破釜沉舟、一往無前的精神表現是無可厚非的，而現實生活中往往充滿了變故與無常，勇往直前固然可敬，但也可能因此被撞得頭破血流，最終走到山窮水盡處。

美國田納西州有一位秘魯移民，在他的居住地擁有6公頃山林。當美國掀起西部淘金熱時，他變賣家產舉家西遷，在西部買了90公頃土地進行鑽探，希望能找到金沙或鐵礦，他一連工作了五年，不僅沒找到任何東西，最後連家產也全花光了，不得不又重返田納西州。

當他回到故地時，發現那兒機器轟鳴，工棚林立。原來，被他賣掉的那座山林就是一座金礦，新主人正在挖山煉金。如今這座金礦仍在開採，它就是美國有名的門羅金礦。

一個人一旦孤注一擲地丟掉屬於自己的所有東西，就有可能失去一座「金礦」。如果例子裡的那位秘魯移民留有一手，不變賣掉所有的家產，結果絕對是大不相同

的。

「狡兔三窟」，為人處世留有餘地，給自己保留一條退路，就不至於落得一敗塗地的下場。事情做盡做絕，如同話說盡說絕一樣，不是傷人就是被人所傷。當事情做到盡頭，力、勢全部耗盡，想要改變就難了。

《紅樓夢》中的平兒是鳳姐的心腹和左右手，但在為人處世方面，她並不唯鳳姐馬首是瞻，或者倚仗鳳姐，把其他人統統不放進眼裡。她始終注意為自己留餘地、留退路，絕沒有犯鳳姐所說的「心裡頭只有我，一概沒有別人」的錯誤，更不像鳳姐那樣把事做絕。

平兒對下人從不依權仗勢，趁火打劫，而是經常私下進行安撫，加以保護。一方面緩和化解了眾人與鳳姐的問題；另一方面順勢做了好人，使眾人在鳳姐和她的對比之中，對她更有感激之情，為自己留出了餘地和退路。鳳姐死後，大觀園一片敗落，本是鳳姐「黨羽」的平兒卻多次獲得眾人的幫助而渡過難關，終得回報。

平兒的結局告訴我們一個道理：為人處世，萬不可把事做絕，要時時處處為自己留下可以周旋的餘地，就像行車走馬一樣，一下子走到山窮水盡的地方，掉頭就不容易了；留有一些餘地，掉頭就容易多了。正如常言所說：

「過頭飯不可吃，過頭話不可講。」與人相處也是如此，事情做「絕」時，對方是善良人還好，對方若是惡人，反身一撲，自己就完全無路可走了。

杯子裝滿了，當然便再也倒不進去了。在所有的事物中都有所保留，以便容納些「意外」，給自己留後路，留下迴旋的餘地。

明代散文家歸有光說：「當得意時，須尋一條退路，然後不死於安樂；當失意時，須尋一條出路，然後可以生於憂患。」

人生變故，猶如水流；事盛則衰，物極必反。這是世事變化的基本公式。世事既然如此，為人處世也就應該處處把握恰當的分寸，永遠給自己留下一條退路。把一件事情做絕，就等於自封了一條道路；把萬事做絕，也就無路可走了，一旦形勢轉變，自己就僅剩死路一條。

所以在平時，我們為人處世要靈活機動，凡事都要留意四周，留條退路，防患於未然，牢牢握住對日後人生的主導權。

20幾歲，
Twenty Something, All at Once
一次到位

爭一步不如讓一步

　　人與人之間需要相互　明和忍讓，缺少這兩樣便什麼事也做不了。不要斤斤計較、小題大做，在給對方設一道門的時候，其實也把自己堵在了門外。

　　兩個人在一座獨木橋中間相遇了，橋很窄，只能容一個人通過。兩人都想著讓對方給自己讓路。

　　一個說：「我有急事，您讓我先過。」

　　另一個人說：「我們誰也不願讓，那就同時側身過橋。」

　　兩人一想也對，就側過身子臉貼臉地過橋。

　　這時一個人暗暗推了另一個人一把，另一個在掙扎中抓住了他，兩人同時掉進了水裡。

　　墨子說：「戀人者，人必從戀之；害人者，人必從害之。」構建平和的心境，爭一步不如讓一步，這也是自己得到方便的根源。

　　處世是一生的學問，凡是在爭來爭去中度過時光的人，都算不上真正懂得為人處世底線的智者。與之相反，

「求讓」則是保證能夠安心做事重要的做人底線。

「爭」與「讓」的區別在於：「爭」在於不失分寸，「讓」在於敢捨一切。如果用「爭」的方法，您絕不會得到滿意的結果；但用「讓」的方法，收穫會比預期的高出許多。語言的殺傷力也是巨大的，如果您非要在嘴巴上爭一下，倒不如讓步為好。

承認自己有錯讓您有些難堪，心中總有些勉強，但這樣做可以把事情辦得更加順利，成功的希望更大，帶來的結果可以沖淡您認錯的沮喪情緒。況且大多數情況下，只有您先承認自己也許錯了，別人才可能和您一樣寬容大度，認為他有錯。這就像拳頭出擊一樣，伸著的拳頭要再打人，必須要先收回來方有可能。

莊子曾講，窮通皆樂；蘇軾則言，進退自如。無論是莊子的窮通，還是東坡的進退，同指一種做事的策略。窮通是指人實際的境況遭遇，進退是指人主觀的態度和行動。莊子認為，凡事順應自然，不去強求，才能過著自由安樂的生活；蘇軾認為，人只有安於時代的潮流，應用自然法則，才能進退自如，窮通皆樂。如此看來，進退即是做人的大道理、大智慧。

我們常說：「做人不要做絕，說話不要說盡。」廉頗曾頑固不化，蔑視藺相如，到最後，不得不肉袒負荊，登門向藺相如謝罪。鄭莊公說話太盡，無奈何掘地及泉，

遂而見母。

俗言道：「凡事留一線，日後好見面。」凡事都能留有餘地，方可避免走向極端。特別在權衡進退得失的時候，務必注意適可而止，儘量做到見好便收。

懂得適時而止

適時而止是進退的智慧，更是生存於世的一種智慧，許多事成於止，也敗於止。年輕人要想成事，一定要學會把握進退的分寸。

1863年，普魯士只是鬆散的德意志聯邦中的一個城邦，而德意志聯邦本身就受制於奧地利。

俾斯麥就任普魯士首相後不久就開始實施統一德國的計畫，以此脫離奧地利的制約。他首先向微弱不振的丹麥宣戰，收回本屬於普魯士的領土荷爾斯坦，而且把奧地利拉進來參戰，宣稱是為了他們才收復什列斯威以及荷爾斯坦的。而在戰局確定後，俾斯麥並未履行諾言。

緊接著，他毫不畏縮地發動了對奧地利的戰爭，並取得了勝利。其他人都想乘勝追擊，進軍維也納，然而俾斯麥卻主張和奧地利簽署和平約定，在他的強烈要求下，主戰派終於退讓了。普魯士成了德意志的主宰，俾斯麥也成為新德意志同盟的盟主。

三年後，俾斯麥挑起對法國的戰爭。新組成的德意志聯邦熱心地加入對法戰爭，幾個月內就摧毀了法軍。一

年以後，俾斯麥建立了德意志帝國，普魯士國王成為新加冕的皇帝，而俾斯麥成為親王，但是接下來發生的事讓許多人都感到奇怪：俾斯麥不再煽動戰爭，而且當其他歐洲強權在世界各地瘋狂地攫取殖民地時，他嚴格禁止德國加入這場爭奪。此後，他終其一生致力於維護歐洲的和平，防止戰禍再起。人們都認為他因歲月而改變了，卻不曾想到：這是他原始計畫的最終目標。

在俾斯麥政治生涯的起步階段，他的目標就是統一德國。他發動對丹麥的戰爭，不是為了搶佔領土，而是要激發普魯士人的民族熱情，為統一國家作準備；發動對奧地利的戰爭，只是為了爭取普魯士的獨立；挑起對法戰爭，是為了讓德意志諸王國在對付共同敵人的目標下團結在一起，為統一德國打下穩固的基石。

達到了自己的目標，俾斯麥就不再發動戰爭了。他頭腦清醒，知道適時而止的道理。他緊緊地控制著權力，阻止了其他人發動新的戰爭。

大多數人不懂得適時而止的原因其實很簡單：他們沒有一個具體的目標。面對勝利、權勢的誘惑不能控制自己，只知一味前進的人，遲早要走向衰亡。明慎的人常常能夠統攬全域，事情一開始，他們就看到了結局。

知道適時而止，從而贏得更有利於己的局面。適時

而止是有著深刻的內涵的，作為一種大智慧，它絕不是簡單的停止無為。它是一招因時而變、出奇制勝的妙法，也是深合事理、退中求進的處世哲學。對於只知冒進、急功近利者，止的運用就尤顯珍貴。

綜觀無數失敗者的癥結，他們所缺的並不是智慧，而是不懂得在什麼時候停止。一個人只要清楚地知道自己要什麼，並懂得適時而止，他才能在任何形勢下應對自如，屹立不倒，這正是年輕人需要學習的地方。

隨機應變應對困境

這個世界，這個社會，每天都在變化，我們每個人身處的環境也每天在改變。如果不懂得變通，就很難適應這個一直在「變」的世界。

文學家講：「明智的人使自己適應世界，而不明智的人堅持要世界適應自己。」我們每天都會面對層出不窮的問題和變化，我們只有以隨機應變的態度面對變幻莫測的人生，時刻留心身邊的變化，才能在人海中繞暗礁、避風浪，才能在身處危境時，於無聲無息中化險為夷。

郭德成是元末明初人，他性格豁達，十分機敏，且特別喜歡喝酒。在元末動亂的年代裡，他和哥哥郭興一起隨朱元璋轉戰沙場，立下了不少戰功。

朱元璋做了明朝開國皇帝後，當初追隨他打天下的將領紛紛加官晉爵，待遇優厚，成為朝中達官貴人。郭德成僅僅做了驍騎舍人這樣一個普通的官。

一次，朱元璋召見郭德成，說道：「德成啊，你的功勞不小，我給你個大官做吧。」

郭德成連忙推辭說：「感謝皇上對我的厚愛，但是

我腦袋瓜不靈，整天不問政事，只知道喝酒，一旦做大官，那不是害了國家又害了自己嗎？」

朱元璋見他堅辭不受，內心十分讚歎，於是將大量好酒和錢財賞給郭德成，還經常邀請郭德成到御花園喝酒。

一次，郭德成興沖沖趕到御花園陪朱元璋喝酒。眼見花園內景色優美，桌上美酒芳香四溢，他忍不住酒性大發，連聲說道：「好酒，好酒！」隨即陪朱元璋痛飲起來。

杯來盞去，漸漸的，郭德成臉色發紅，但他依然一杯接一杯喝個不停。眼看時間不早，郭德成爛醉如泥，踉踉蹌蹌地走到朱元璋面前，彎下身子，低頭辭謝，結結巴巴地說道：「謝謝皇上賞酒！」

朱元璋見他醉態十足，衣冠不整，頭髮凌亂，笑道：「看你頭髮披散，語無倫次，真是個醉鬼瘋漢。」

郭德成摸了摸散亂的頭髮，脫口而出：「皇上，我最恨這亂糟糟的頭髮，要是剃成光頭，那才痛快呢。」

朱元璋一聽此話，臉漲得通紅，心想，這小子怎麼敢這樣大膽地侮辱自己。他正想發怒，看見郭德成仍然傻乎乎地說著，便沉默下來，轉而一想：也許是郭德成酒後失言，不妨冷靜觀察，以後再治他不遲。想到這裡，朱元璋雖然悶悶不樂，還是高抬貴手，讓郭德成回了家。

郭德成酒醉醒來，一想到自己在皇上面前失言，恐懼萬分，冷汗直流。原來，朱元璋少時曾在皇覺寺做和尚，最忌諱的就是「光」、「僧」等字眼。因此字眼獲罪的大有人在。郭德成怎麼也想不到，自己這樣糊塗，這樣大膽，竟然戳到了皇上的痛處。

　　郭德成知道朱元璋不會輕易放過自己，以後難免有殺身之禍。他仔細地想著脫身之法：向皇上解釋，不行，更會增加皇上的嫉恨；不解釋，自己已經鑄成大錯。難道真的要為這事賠上身家性命不成？郭德成左右為難，苦苦地為保全自身尋找妙計。

　　過了幾天，郭德成繼續喝酒，狂放不羈。後來，他進寺廟剃光了頭，真的做了和尚，整日身披袈裟，唸著佛經。

　　朱元璋看見郭德成真做了和尚，心中的疑慮、嫉恨全消，還向自己的妃子讚歎說：「德成真是個奇男子，原先我以為他討厭頭髮是假，想不到真是個醉鬼和尚。」說完，哈哈大笑起來。

　　後來，朱元璋猜忌有功之臣，原來的許多大將紛紛被他找藉口殺掉了，而郭德成竟保全了性命。

　　郭德成之所以能在朱元璋的鐵腕下保住自己的性命，是因為他能夠從小的禍事看到以後事態的發展。因此

不貪戀官位，隨機應變，提前避了禍。

俗話說，「人有失足，馬有失蹄」，人的一生之中總會遇到種種困境，會有許多過失，有時某些過失可能會給自己帶來大禍。如何從這些禍事中脫身非常重要，而智者善於隨機應變，利用現時條件培養避禍的急智，從而使自己處於安全的境地，這是我們應該學習的。

小事糊塗，大事清醒

人一生要經歷的事情數也數不完，如果事事都要認真盤算，勢必會使自己筋疲力盡。因此，不妨在遇到一些小事時糊塗點，得過且過，而遇到大事不但不能糊塗，還要卯足精神去解決。

在一次宴會上，楚莊王命令他所寵愛的美人給群臣和武士們敬酒。傍晚時分，一陣狂風把燈燭吹滅了，大廳裡一片漆黑，黑暗中不知是誰用手抓住了美人的衣袖。美人急中生智把那人帽子的帶子扯斷，然後來到楚莊王的身邊，向他哭訴了被人調戲的經過，並說那個人的帽帶被扯斷，只要點上燈燭就可以查出此人是誰。

楚莊王聽後不以為然，他安慰了美人幾句，便向大家高聲說：「今天喝酒一定要盡興，誰的冠纓不斷，就是沒喝足酒。」群臣眾將為討好楚莊王，紛紛扯斷冠纓，喝得爛醉如泥。等點燈時，大家的冠纓都斷了，就是美人自己想查出調戲她的那個人，也無從下手了。

三年後，楚國與晉國開戰，楚軍有一位勇士一馬當先，總是衝在前頭。楚莊王很奇怪，問他為什麼如此拼

命。

　　勇士回答說：「末將該死，三年前我在宴會上酒醉失禮，大王不但不治我的罪，還為我掩蓋過失，我只有奮勇殺敵才能報答大王。」

　　在這個事件中，楚莊王聽說有人調戲美人，而且他帽子的帶子被扯斷，是可以查出誰犯了錯的。但楚莊王在這件事上採取「糊塗」的態度，因為他認為酒醉失禮是難免的，所以不想追究下屬的過錯，故意讓大家扯斷冠纓。楚莊王的寬容大度後來得到了應有的報償。他的這種「糊塗」其實是一種富有遠見的「精明」。

　　魯迅先生曾專門揭示了「難得糊塗」的真正含義，他說：「糊塗主義，唯無是非觀等，算來是中國的高尚道德。你說它是解脫、達觀罷，也未必。它其實在固執著什麼，堅持著什麼……」

　　正如魯迅先生所說的「堅持著什麼」，其實難得糊塗的人實際上是再清醒不過了。之所以要「糊塗」，是因為將世上的一些事情看得太明白、太清楚、太透徹了，但又有某種無以言表的原因，不得不糊塗起來。生活中，人們在小事上不妨也糊塗一把。索性放下包袱，輕鬆、瀟灑一回。

　　說起來容易做起來難，大凡能夠做到「糊塗」的人

還真的非常有限，因為他們無法達到超然的境界。因此，生活包袱裡裝滿了大事小情，往往思想還要被那些事情所纏繞。「小事多糊塗，大事不含糊」，這句人生格言最適合這種人了。

糊塗看世界，留一半清醒，留一半醉。當我們在觀察社會上的大事小情時，對一些不打緊的事情糊塗處之，而涉及至關重要的原則性問題時則要清醒對待。該糊塗時糊塗，該聰明時聰明，這才是靈活的處世之道。

小處妥協，大處取勝

　　人的一生，會面臨種種的機會與選擇，也會遇到許多的衝突與挑戰，一個人不可能得到自己全部想要的，很多時候不得不放棄一些無關緊要的東西，不得不對自己的某些利益忍痛割愛。有時，適當地妥協，可以省掉不少麻煩。

　　張之洞深諳妥協之道，他不僅善於委曲求全，還深刻理解了「小不忍則亂大謀」的道理。所以他常常為了達到自己的目的，不逞一時之強，而是委屈自己適應現實的需要，等到為自己累積了堅實的基礎之後，再充分發揮自己的才能來實現自己的理想，從而達到建功立業的目的。

　　他在與政敵打交道時，尤其如此。儘管他與李鴻章早有嫌隙，在政見上多有不同，也看不慣李鴻章一味地對外求和的為政策略，更看不起李鴻章不顧全大局，始終維護自己淮軍的局部利益的做法。但他同時也明白，李鴻章始終不服自己，多次在人前貶抑自己。他認為李鴻章畢竟位高權重，如果自己一味地同他僵持下去，兩個人之間就會由嫌隙轉化為比較大的衝突，那樣對自己的前程將極為

不利。

於是他決定在不牽扯重大問題的前提下，對李鴻章虛與委蛇，儘量不貿然得罪。所以他在李鴻章母親八十壽辰時就送去過壽文，李鴻章本人七十壽辰時，他更是三天三夜幾乎沒有睡覺，寫了一篇洋洋灑灑的壽文送給李鴻章。在壽文中，張之洞極盡能事地推崇李鴻章，讚揚李鴻章文武兼備，統領千軍萬馬，還讚美李鴻章德高望重、勤於國事，美好的品性深得天下人的敬佩。這篇約5000字的壽文成為李鴻章所收到的壽文中的壓卷之作，琉璃廠書商將其以單行本付刻，一時間洛陽紙貴。

張之洞正是「小處妥協，大處取勝」的典型。也正因為他的這種靈活的處世態度，才得以保全自己的實力，走向成功。

晚清名臣胡林翼說：「能忍人所不能忍，乃能為人之所不能為。」能夠忍，就有充分的時間、足夠的彈性讓自己調整步伐、修正策略。學會有原則地妥協一下，是為了在需要的時候不妥協。

妥協總是需要付出一定代價的，這種代價有時是臉面上的，有時是物質上的，但這種代價不可能是無償的。如果得不償失，是沒有人會去妥協的。人之所以願意去妥協，主要還是

因為這種妥協能夠得到更多的利益。所以，人不能只圖虛名，只有具備能在小處妥協、包容的心態，才能在大處取勝。

為人處世，謹慎為要

曾子有疾，召門弟子曰：啟予足，啟予手。詩云：「戰戰兢兢，如臨深淵，如履薄冰。」而今而後，吾知免夫！小子！

曾子患了重病，召喚門下的弟子說，「（掀開被子）看看我的腳，看看我的手（有無毀傷之處）。正如《詩經》上說的『小心謹慎，就好像站在深淵旁邊，就好像踩在薄冰之上』，從今以後，我知道（我的身體）能免於禍難了，學生們！」

曾子特別提出來，一輩子做人都「戰戰兢兢」，好像站在懸崖邊緣，腳下是萬丈深潭，一不小心，就會「一失足成千古恨」。就好像走在薄冰上一樣，一個疏忽，掉下去就沒命。

有一句話叫「蓋棺論定」，一個人好與壞，要在棺材蓋下去的時候才可以下結論。永遠保持一種謹慎的處世心態，這正是曾子要傳達給他的學生的。

有一位享有盛譽的名醫，一位婦女來找他看病。他

檢查後發現，她的子宮裡有一個瘤，需要手術割除。手術當天一切就緒，手術室裡都是最先進的醫療器材，對這位有過上千次手術經驗的名醫來說，這只是個小手術。

當他切開病人的腹部，向子宮深處觀察，準備下刀時。突然全身一震，刀子停在空中，豆大的汗珠冒上額頭。他看到了一件令他難以置信的事：子宮裡長的不是腫瘤，而是個胎兒！

他的手顫抖了，內心陷入矛盾的掙扎中。如果硬把胎兒拿掉，然後告訴病人，摘除的是腫瘤，病人一定會感激得恩同再造；相反，如果他承認自己看走眼了，那麼，他將聲名掃地。

經過幾秒鐘的猶豫，他終於下定決心，小心縫合刀口之後，回到辦公室，靜待病人甦醒。然後，他走到病人床前，對病人和病人家屬說：「對不起！我看錯了，你只是懷孕，沒有長瘤。所幸發現及時，孩子安好，一定能生下個可愛的小寶寶！」

病人和家屬全呆住了。隔了幾秒鐘，病人的丈夫突然衝過去，抓住名醫的領子，吼道：「你這個庸醫，我要找你算帳！」後來，孩子果然安好，而且發育正常，名醫被告得差點破產。

有朋友笑他，將錯就錯，只需一句話，就可讓這一切免於發生。醫生淡淡一笑：「我騙不了自己的心。」其

實，在他下定決心的那一刻，他已將自己從懸崖邊緣拉了回來。

　　例子裡的醫生正是為人謹慎、萬事無愧於心的典型。

　　如曾子所說，人應該「戰戰兢兢」地走完一生，因為你將面臨無數對與錯的抉擇，有時一個點頭、一句承諾就有可能讓人生的冰面坍塌。

　　戰戰兢兢並不是要我們年輕人畏首畏尾，什麼事情都不敢去做，而是不怠慢、不敷衍，以認真謹慎的態度去對待生活中所遇到的人和事。臨終前的那一刻，回想自己的一生可以無愧於心，可以一身輕鬆地為自己畫上句號，也是一種幸福。

淡定處世，寵辱不驚

　　沒有誰的一生能夠青雲直上，走一條順風順水的寬闊大道，總有遇到獨木橋的時候。特別是那些欲成大事者，更是面臨著人生的起起落落，風風雨雨。真正能從容地走過這些風雨的人，必然是在人生的賽場上最後勝出的人，而他們那一份淡定處世、寵辱不驚的瀟灑，總能給後人許多啟示。

　　一人名喚盧承慶，字子餘，為考功員外郎，專司官吏考績，因其秉事公正，行事盡責，廣受讚譽。一次，有個官員發生了糧船翻沉的事故，應受到懲罰，於是他給這個官員評定了個「中下」的評語，並通知了本人。那位受到懲處的官員聽說後，沒有提出意見，也沒有任何疑懼的表情。盧員外郎繼而一想：「糧船翻沉，不是他個人的責任，也不是他個人能力可以挽救的，評為『中下』可能不合適。」於是就改為「中中」等級，並且通知了本人。那位官員依然沒有發表意見，也不說一句虛偽感激的話，也沒有什麼激動的神色。盧員外郎見他這般，非常稱讚，脫口稱道：「好，寵辱不驚，難得難得！」於是又把他的考

績改為「中上」等級。

南懷瑾大師就很推崇這種「寵辱不驚」的精神，他認為，人須能用物而不為物用，不為物累，但能利物，才能成為無為的大用。人生在世，或得意，或失意，其寵辱境界的根本癥結所在，皆是因為有身而來。

寵，是得意的總表相。辱，是失意的總代號。當一個人在成名、成功的時候，若非平素具有淡泊名利的真修養，一旦得意，便會欣喜若狂，喜極而泣，自然會有震驚心態，甚至得意忘形。

古今中外，無論是官場、商場，抑或情場，都彷彿人生的劇場，將得意與失意、榮寵與羞辱看得一清二楚。三國諸葛亮有一句名言鞭策我們要不因榮辱而保持道義：「勢利之交，難以經遠。士之相知，溫不增華，寒不改棄，貫四時而不衰，歷坦險而益固。」所謂得意失意皆不忘形，寵辱而不驚，便是此意。

《菜根譚》裡說：「寵辱不驚，閒看庭前花開花落；去留無意，漫隨天外雲卷雲舒。」為人做官能視寵辱如花開花落般的平常，才能「不驚」；視職位去留如雲卷雲舒般變幻，才能「無意」。「閒看庭前」大有「躲進小樓成一統，管他冬夏與春秋」之意；「漫隨天外」則顯示了目光高遠，不似小人一般淺見的博大情懷，一句「雲卷

雲舒」又隱含了「大丈夫能屈能伸」的崇高境界。對事對物，對功名利祿，失之不憂，得之不喜，正是「淡泊以明志，寧靜以致遠」。

只有做到了淡定處世、寵辱不驚方能心態平和，恬然自得，看淡生活中的起起落落和得與失，這真是我們需要學習的地方。

聰明不外露，智慧要深藏

《道德經》中說：「絕聖棄智，民利百倍。」充分表明老子反對標榜聖人、反對賣弄智慧的思想。老子認為：人們如果不賣弄聰明才智，就會有和平安靜的生活，這種生活是被一些標榜聖人、標榜智慧的「才智之士」攪亂了。世人都渴望聰明，但是他們不知道，有太多的人為聰明所累、所誤。

《紅樓夢》中，一曲《聰明累》暗示了王熙鳳的命運和結局，人們一方面驚歎於她的治家才能、應付各色人等的技巧，一方面又感慨於她悲慘的人生結局。她就是因「心機」太重而遭悲慘結局的典型。「聰明反被聰明誤」這句話點出了很多人的失敗根源。

的確，一個人太聰明必定會遭到別人的嫉恨和非議，甚至引來禍端。歷史上和現實生活中的這種例子比比皆是。三國時期的楊修就是因喜歡賣弄聰明而最終遭禍的。

楊修是曹操門下掌庫的主簿。此人生得單眉細眼，貌白神清，博學能言，智識過人。但他自恃其才，竟小覷

天下之士。

　一次，曹操令人建一座花園。快竣工了，監造花園的官員請曹操來驗收察看。曹操參觀完花園之後，是褒是貶沒說，只是拿起筆來，在花園大門上寫了一個「活」字，便揚長而去。一見這情形，大家猶如丈二和尚，摸不著頭腦，怎麼也猜不透曹操的意思。楊修卻笑著說道：「門內添『活』字，是個『闊』字，丞相是嫌園門太闊了。」官員認為楊修說得有道理，立即返工重建園門，改造停當後，又請曹操來觀看。曹操一見重建後的園門，不禁大喜，問道：「誰知道了我的意思？」左右答道：「是楊修主簿。」曹操表面上稱讚楊修聰明，其實內心已開始忌諱楊修了。

　又有一次，塞北送來一盒酥給曹操，曹操沒有吃，只是在禮盒上親筆寫了三個字「一合酥」，放在案頭上，自己徑直出去了。屋裡其他人有的沒有理會這件事，有的不明白曹丞相的意思，不敢妄動。這時正好楊修進來看見了，便走向案頭，打開禮盒，把酥餅一人一口地分吃了。曹操進來見大家正在吃他案頭的酥餅，臉色一變，問：「為何吃掉了酥餅？」楊修上前答道：「我們是按丞相的吩咐吃的。」「此話怎講？」曹操反問道。楊修從容地應道：「丞相在酥盒上寫著『一人一口酥』，分明是要賞給大家吃，難道我們敢違背丞相的命令嗎？」

曹操見又是這個楊修識破了他的心意，表面上樂呵呵地說：「講得好，吃得對，吃得對！」其實內心已對楊修產生厭惡之感了。可是楊修還以為曹操真的欣賞他，所以不但沒有絲毫收斂，反而把心智用在捉摸曹操的言行上，並不分場合地賣弄自己的小聰明，不斷地給自己埋下禍根。

曹操與劉備對壘於漢中，兩軍相持不下。曹操見連日陣雨，糧草將盡，又無法取勝，心正煩惱。這時士兵來問晚間的口令，曹操正呆呆看著碗內雞肋思考進退之計，便隨口答道：雞肋！

當「雞肋」這個口令傳到主簿楊修那裡，他自作聰明，慫恿兵士們收拾行裝準備撤兵。兵問其故。楊修說：雞肋雞肋，棄之可惜，食之無味。今丞相進不能勝，恐人恥笑，明日必令退兵。於是大家都相信了。這件事被曹操知道後，曹操便以蠱惑軍心之名砍了楊修的頭。

楊修之智，實非大智慧，其修養、其境界、其為人處世之道，皆非成大事者。可見，過於賣弄聰明就會成為眾矢之的，而擺正自己的位置，厚積薄發，在適當的時機表現出來，才是成事之道。正如英國著名外交家賈斯特菲爾德所說的那樣：「要比別人聰明，但不要讓他們知道。」外露的聰明遠不如深藏的智慧更有實際意義。

眾所周知，在音樂的世界中，技巧很重要，但不是最重要的，過多的花俏技巧只會減弱情感的表達。人生也是如此，人人都玩弄聰明才智，只會讓世界繁雜凌亂，絕聖棄智，才能樸實安然地生活，摒棄小聰明方才顯示大智慧。

20幾歲，
Twenty Something, All at Once
一次到位

在人之上以人為人，
在人之下以己為人

　　「在人之上以人為人，在人之下以己為人」是指，居上位時，一定要謙虛，切不可仗勢欺人，人生總是盛極而衰的，一個人不可能永遠風光無限，繁華過後總會凋零。居下位時，要看起得自己，學會韜光養晦，為自己積蓄反擊的力量。

　　《聖經》裡曾經提到：「凡自己謙卑得像個小孩子的，他在天國裡就是最大的。你們裡頭為大的，倒要像年幼的；為首領的，倒要像服侍人的。」而謙卑的人就是能夠「在人之上以人為人」的仁者。

　　據《桐城縣誌略》和姚永樸先生的《舊聞隨筆》記載：清康熙時，文華殿大學士、禮部尚書張英世居桐城，其府第與一吳姓人家為鄰，中間有一條屬於張家的空地，向來作為過往通道。後來吳氏建房子想越界佔用，張家不服，張吳兩家遂發生糾紛，鬧到縣衙。因兩家同為顯貴望族，縣令左右為難，遲遲不予判決。

　　張英家人見有理難爭，遂馳書京都，向張英告狀。

Chapter.01
圓融處世讓一切更自在　　41

張英閱罷，認為事情簡單，便提筆揮毫，在家書上批詩四句：「千里修書只為牆，讓他三尺又何妨。萬里長城今猶在，不見當年秦始皇。」張家得詩，深感愧疚，毫不遲疑地讓出三尺地基。吳家見狀，覺得張家有權有勢，卻不仗勢欺人，深感不安，於是也效仿張家向後退讓三尺。於是，形成了一條六尺寬的巷道，名曰「六尺巷」。兩家此舉也成為美談。

一條六尺巷，一封家書，一句「讓他三尺又何妨」，描畫出了「在人之上以人為人」的仁者的形象。張英的寬宏大量，使得鄰里之間的關係得以緩和，既利他又利己，值得稱道。

但有些時候，居人之下，「人為刀俎，我為魚肉」時，則需要「在人之下以己為人」的智慧，否則就自身難保。

隋煬帝是中國歷史上有名的暴君，其統治時期，驕奢淫逸，民不聊生。各地農民起義風起雲湧，隋朝的許多官員也紛紛倒戈，轉向農民起義軍。因此，隋煬帝對朝中大臣們處處防範，疑心很重，尤其對外藩重臣更是顧慮重重。

當時唐國公李淵曾多次擔任朝廷和地方官，每到一

處，悉心結交當地的英雄豪傑，多方樹立恩德，因而聲望很高，許多人都前來歸附。因此，大家都替他擔心，怕遭到隋煬帝的猜忌。正在這時，隋煬帝下詔讓李淵到他的行宮去晉見。李淵因病未能前往，隋煬帝很不高興，猜疑之心頓起。

當時，李淵的外甥女王氏是隋煬帝的妃子，隋煬帝向她問起李淵未來晉見的原因，王氏如實回答，隋煬帝又問道：「會死嗎？」王氏把這消息傳給了李淵，李淵更加謹慎起來。他知道自己遲早會為隋煬帝所不容，但過早起事又力量不足，只好繼續隱忍，等待時機。於是，他故意廣受賄賂，敗壞自己的名聲，整天沉湎於聲色犬馬之中，而且大肆張揚。隋煬帝聽到這些，就放鬆了對他的警惕。而這一放鬆，成就了日後的大唐帝國。

李淵透過隱忍達到了保全自己的目的，正所謂：「尺蠖之曲，以求伸也，龍蛇之蟄，以求存也。」

生活中有很多人因為難忍一時之氣，從而與人正面衝突，「傷敵一千，自損八百」，最後兩敗俱傷。這實在不是明智之舉，畢竟犧牲是一時的，保全卻是一世的。犧牲是爆發，保全是維持；犧牲是激情，保全是平淡。濃肥辛甘非真味，真味只是淡，淡淡地融化在生活裡……保全也許也是一種犧牲，

犧牲狂熱，犧牲內心深處的原始衝動，但是卻用最小的犧牲求得更多的平和與幸福。人生就是如此玄妙，人上人下之間也存在為人處世的大智慧。

與人無爭，是最強有力的爭

爭與不爭乃兩種處世的態度：爭者摩拳擦掌；不爭者平淡處之。老子說：「只有無爭，才能無憂。」利人就會得人，利物就會得物，利天下就能得天下。從來沒有聽說過，獨恃私利的人，能得大利的。我們要知道，善利萬民的人，如同水滋潤萬物而又與萬物無爭，不求所得，所以不爭的爭，才是上爭的策略。

與人無爭，與世無爭，看似一種消極的避世思想和無奈的做法，但實際上恰到好處的「與人無爭」，是一種恬和平淡的心態，一種知曉進退規則之後的釋然，也是一種不急功近利的心機。

王秀之從小的時候就深受家中明哲保身思想的影響。他的祖父王裕，曾任南朝劉宋左光祿大夫，儀同三司。父親王瓚之，曾任金紫光祿大夫。

王裕當官的時候，徐羨之、傅亮是朝中權臣，王裕卻不與他們往來。後來，徐羨之、傅亮因權重被皇帝所殺，王裕沒有受到牽連。王裕辭官後，隱居吳興，給他的兒子王瓚之寫信說：「我希望你處於與人無爭無競之

地。」王瓚之遵循父親的教導，雖然做到了工部尚書這樣的官，卻始終沒有巴結一個朝中權貴。

此外，父祖的影響、家庭的薰陶使王秀之也養成了一種不媚上、不貪利的品格。

南朝劉宋時，王秀之任著作佐郎，太子舍人。當時褚淵任吏部尚書，深受宋明帝的信任，百官也非常敬佩他。每次朝會，公卿官僚以及外國使節，無不對他延首目送。

褚淵看到王秀之氣度優雅，神情秀逸，很喜歡他，想讓他成為自己的女婿。吏部尚書在當時專管官吏的考核、獎懲、提拔，權力很大。做吏部尚書的女婿，正是一般人求之不得的事。然而，王秀之卻不肯為了升遷而違背家訓，因此沒有答應。於是，他長期只是擔任下級官吏。

後來，王秀之做了太子洗馬，桂陽王劉休範想徵召他任司空從事中郎。當時正值明帝剛死，劉休範自認為是宗親長者，想要爭奪到輔佐大臣這個職位。可是輔佐大臣這個職位最終落入他人的手中。劉休范心裡滿懷怨恨，於是在自己的駐地招募勇士，修繕器械，廣羅士人，準備起兵反叛。

王秀之察覺到劉休範的反叛意圖，他也知道劉休範遲早要起兵造反，於是推說自己有病，沒有應召前往。

劉宋末年，王秀之擔任晉平太守之職。晉平這塊地

盤很富裕。在這裡當官的人可以得到很多好處，油水很多。可是王秀之在這裡剛剛任職滿一年，就對別人說：「這個地方很富饒，我已經在這裡得到很多好處了。我所得到的俸祿已經足夠了，怎麼能夠長久地停留在這裡做官而妨礙國家招納賢士呢？」於是他上表朝廷，請求讓別人來代替自己，被人稱為「恐富求歸」的太守。

南朝蕭齊時，王秀之擔任吏部郎，又出任義興太守，遷職為侍中祭酒，後來又轉任都官尚書。在他擔任尚書時，他的頂頭上司是王儉，但是王秀之從來就沒有與王儉過分親密。

身處爾虞我詐的官場之中，人人想著如何爬得更高，王秀之卻始終以一種無爭的態度為官處世。乍一看，他的行徑與這個紛爭不斷的官場是如此的格格不入，但也正是這種不爭與平和，才使他的祖父、父親、他，甚至還有他的兒子都能在「伴君如伴虎」的朝堂之上長久地屹立不倒。與那些大起大落的人相比，王秀之一家無疑已經達到了「無人能與之爭」的境地了。

為人處世，最難修煉的是這種像王秀之一般的平和心態。王秀之的可貴之處在於堂堂正正做人，老老實實做事，無論是做小官還是赴重任，都不卑不亢，不媚上、不欺下，有道是「心底無私天地寬」。

老子說：「夫唯不爭，故天下莫能與之爭。」爭與不爭，只是兩種不同的姿態。與人無爭者，心境坦然，得與不得的結果無異，這種心態之下，反而所獲甚多。

低姿態是最佳的自我保護之道

　　所謂的「低姿態」，講的是我們在社會交往中所表現出的平和、謙遜、圓融及忍讓等言行和情態。有些時候，這種低姿態對於保護自我及既得利益不受損失是必不可少的。

　　在秦始皇陵兵馬俑博物館，一尊被稱為「鎮館之寶」的跪射俑前總是有許多觀賞者駐足，他們為跪射俑的姿態和寓意而感歎。導遊介紹說，跪射俑被稱為兵馬俑中的精華，中國古代雕塑藝術的傑作。

　　仔細觀察這尊跪射俑：它身穿交領右衽齊膝長衣，外披黑色鎧甲，脛著護腿，足穿方口齊頭翹尖履。頭綰圓形髮髻。左腿蹲曲，右膝跪地，右足豎起，足尖抵地。上身微左側，雙目炯炯，凝視左前方。兩手在身體右側一上一下做持弓弩狀。據介紹：跪射的姿態古稱之為坐姿。坐姿和立姿是弓弩射擊的兩種基本動作。坐姿射擊時重心穩，省力，便於瞄準，同時目標小，是防守或設伏時比較理想的一種射擊姿勢。秦兵馬俑坑至今已經出土清理各種陶俑一千多尊，除跪射俑外，皆有不同程度的損壞，需要人工修復。而這尊跪射俑是保存最完整和唯一一尊未經人

工修復的兵馬俑，仔細觀察，就連衣紋、髮絲都還清晰可見。

跪射俑何以能保存得如此完整？導遊說，這得益於它的低姿態。首先，跪射俑身高只有120公分，而普通立姿兵馬俑的身高都在180公分到197公分之間。天塌下來有高個子頂著，兵馬俑坑都是地下坑道式土木結構建築，當棚頂塌陷、土木俱下時，高大的立姿俑首當其衝，而低姿的跪射俑受損害就小一些。其次，跪射俑做蹲跪姿，右膝、右足、左足三個支點呈等腰三角形支撐著上體，重心在下，增強了穩定性，與兩足站立的立姿俑相比，更不容易傾倒而破碎。因此，在經歷了兩千多年的歲月風霜後，它依然能完整地呈現在我們面前。

由跪射俑想到做人之道。初涉世的年輕人往往個性張揚，率性而為，不會委曲求全，結果可能是處處碰壁。而涉世漸深後，就知道了輕重，分清了主次，學會了內斂，少出風頭，不爭閒氣，專心做事。就像跪射俑一樣，保持生命的低姿態，避開無謂的紛爭，避開意外的傷害，以求更好地保全自己，發展自己，成就自己。

老子說，當堅硬的牙齒脫落時，柔軟的舌頭還在。柔弱勝過堅硬，無為勝過有為。我們學會在適當的時候保持適當的低姿態，絕不是懦弱和畏縮，而是一種聰明的做人之道。因為有時在「顯眼處」表面的榮耀和光彩之下，

也許暗藏著眾目所向和眾矢所指的危險，此時的「高處」滲透著凜冽的寒意，只有急流勇退、及早抽身，甘於低調做人的人，才能避禍趨吉，永保平安。

低調為世是我們步入社會必備的自我保全手段。熙熙攘攘、名來利往的社會處處風雷激蕩，時時風雲變幻，只有甘於低調之人才能在社會的風雨中更好地保全自己。

主動吃虧是一種大智慧

有些時候，主動吃虧，山不轉水轉，也許以後還有合作的機會，又能走到一起。若一個人處處不肯吃虧，則處處必想佔便宜，於是，妄想日生，驕心日盛。而一個人一旦有了驕狂的態勢，難免會侵害別人的利益，於是便起紛爭，在四面楚歌之中，又焉有不敗之理？

「吃虧」也許只是指物質上的損失，但是一個人的幸福與否，卻往往是取決於他的心境如何。如果我們用外在的東西，換來了心靈上的平和，那無疑是獲得了人生的幸福，這便是值得的。

不少好朋友，抑或事業上的合作夥伴，由於種種原因，後來反目成仇了，雙方都搞得很不開心，結果是大打出手。

有個人卻不一樣，他與朋友合夥做生意，幾年後一筆生意讓他們將所賺的錢又賠了進去，剩下的是一些值不了多少錢的設備。他對朋友說，全歸你吧，你想怎麼處理就怎麼處理。留下這句話後，他就與朋友分手了。沒有相互埋怨，這叫「好聚好散」。生意沒了，人情還在。這個人，就是李嘉誠。

有人問李澤楷：「你父親教了你一些怎樣成功賺錢的祕訣嗎？」李澤楷說，賺錢的方法他父親什麼也沒有教，只教了他一些為人的道理。李嘉誠曾經這樣跟李澤楷說，他和別人合作，假如他拿七分合理，八分也可以，那麼拿六分就可以了。

　　李嘉誠的意思是，吃虧可以爭取更多人願意與他合作。你想想看，雖然他只拿了六分，但現在多了一百個合作人，他現在能拿多少個六分？假如拿八分的話，一百個人會變成五個人，結果是虧是賺可想而知。李嘉誠一生與很多人進行過或長期或短期的合作，分手的時候，他總是願意自己少分一點錢。如果生意做得不理想，他就什麼也不要了，願意吃虧。這是種風度，是種氣量，也正是這種風度和氣量，才有人樂於與他合作，他也才越做越大。

　　吃虧是福，乃智者的智慧。不管你是做老闆也好，還是做合作夥伴也罷，旁邊的人跟著你有好日子過、有錢賺，他才會一心一意與你合作，跟著你走。

　　有人與朋友一旦分手，就翻臉不認人，從不想吃一點虧，這種人是否聰明不敢說，但可以肯定的是，一點虧都不想吃的人，只會讓自己的路越走越窄。讓步、吃虧是一種必要的投資，也是朋友交往的必要前提。生活中，人們對處處搶先、占小便宜的人一般沒有什麼好感。佔便宜的人首先在處世上就吃了大虧，因為他已經處處搶先，從

來不為別人考慮，眼睛總是盯著他看好的利益，迫不及待地想跳出來佔有它。他周圍的人對他很反感，合作幾個來回就再也不想與他繼續合作了。合作夥伴一個個離他而去，那他不是吃了大虧嗎？

以前有一個農村來的婦女，起初給人當保姆，後來在街頭擺小攤，賣一個底片賺一角錢。她認為一個底片永遠只賺一角就好了。現在她開了一家攝影器材店，生意越做越大，還是一個底片賺一角；市場上一個柯達底片賣23元，她賣16元1角，批發量大得驚人，當地愛攝影的沒有不知道她的。外地人的錢包丟在她那兒了，她花了很多長途電話費才找到失主；有時候算錯帳多收了人家的錢，她心急火燎地找到人家還錢。聽起來像個傻子，可是賺的錢不得了，在當地，很多大型的攝影商，也都喜歡去她那兒拿貨。

也許有人覺得例子裡的婦女「傻」，但她這種看起來「吃虧」的處世態度卻是一種大智慧。

「吃虧是福」是一種哲學的思路，其前提有兩個，一個是「知足」，另一個就是「安分」。「知足」則會對一切都感到滿意，對所得到的一切，內心充滿感激之情；「安分」則使人從來不奢望那些根本就不可能得到的或者

根本就不存在的東西。

　　沒有妄想，也就不會有邪念。所以，表面上看來「吃虧是福」以及「知足」、「安分」會給人以不思進取之嫌，但是，這些思想也是在教導人們能成為對自己有清醒認識的人。要想成就大業出人頭地，就要學會主動吃虧。

根據場合，巧妙地運用合適的道歉方法，

能有著單純的一句「對不起」達不到的效果，

——這是年輕人應該學習的地方。

PART.02

會做事，

更要會

做
人
。

必要時讓自己犯錯

「眾人皆濁我獨清」是一種非常危險的狀態,沒有人樂意讓一個「異己」長久地立於身側。善於處世的人,常常故意在明顯的地方留一點兒瑕疵,讓人一眼就看見他「連這麼簡單的都搞錯了」。這樣一來,儘管你出人頭地,木秀於林,別人也不會對你敬而遠之,反而會因為「原來你也有錯」而縮短與你的距離、和你更親近。

喬波在某鋼廠宣傳處工作,有一天,處長突然叫他整理一個模範前輩的事蹟。據知情人士透露,這其實是一次考試,它將關係到喬波是否能陞遷。本來對這樣的題目,他並不感到為難,但有了無形的壓力,便不得不格外用心。他熬了一個通宵,寫好後反覆推敲,又抄得工工整整,第二天一上班,就把它送到了處長的桌子上。

處長當然高興,又快,字又寫得整齊,而且在內容、結構上也沒有什麼可挑剔的。可是,處長越看到最後,笑容越收越緊。最後,他把文稿退回,讓他再認真修改修改,滿臉的嚴肅,真叫人搞不清什麼地方出了差錯。喬波轉身剛要邁步,處長像突然想起了什麼似的

說：「對，對，那個『副廠長』的。『副』字不能寫成『付』，改過來，改過來就行了。」就這麼簡單！處長又恢復了先前高興的樣子，一股腦地誇道：「不錯，不錯。」考試自然過關，還是優秀等級！

原來，喬波怕自己寫得太好，蓋住老闆的光芒，所以故意寫了一個錯別字，把「副」寫成了「付」。

有時，我們年輕人要像例子裡的喬波一樣適當地犯一點無傷大雅的小錯誤，不要在人前顯得過於完美。犯些小錯，可以避免讓他人認為你太過於完美，而蓋住了別人的光芒，進而引起別人的嫉妒。

莎士比亞說：「最好的好人，都是犯過錯誤的過來人；一個人往往因為有一點小小的缺點，將來會變得更好。」人不犯錯，本身就已經是最大的錯誤了。在適當的時候，犯一些無關緊要的小錯誤，以「自汙」來做障眼法，能讓對方安心，也能使自己安全，還可以更好地融入人群之中，避免因過於「完美」而遭人排擠。

給人好處要顧全對方的面子

　　人都是愛面子的，你給他面子就是給他一份厚禮。有朝一日你求他辦事，他自然要「給回面子」，即使他感到為難或感到不是很願意。人們總是盡其全力來保持顏面，為了面子問題，可以做出常理之外的事。我們必須時時刻刻提醒自己不要做出任何有損他人顏面的事，即使有恩於人也不要到處張揚。只要你有心，只要你處處留意給人面子，你將會獲得天大的面子。

　　某位企業家講述了他祖父的故事，對我們在為人處世方面具有很好的啟發作用：

　　當年，祖父很窮。在一個大雪天，他去向村裡的首富借錢。恰好那天首富興致很高，便爽快地答應借給祖父兩塊大洋，最後還大方地說：拿去用吧，不用還了！祖父接過錢，小心翼翼地包好，就匆匆往等著急用的家裡趕。首富看見平日十分堅強的祖父借錢很得意，於是就追出房門，對他的背影又喊了一遍：「不用還了！」

　　第二天大清早，首富打開院門，發現自家院內的積雪已被人掃過，連屋瓦也掃得乾乾淨淨。他讓人在村裡打

聽後，得知這事是祖父做的。這位首富明白了：自己的喊聲，讓對方很難堪，因為村裡很多人都聽見了喊聲。他也明白了，給別人一份施捨，只能將別人變成乞丐。

於是他前去讓祖父寫了一份借契，祖父因而流出了感激的淚水。

祖父用掃雪的行動來維護自己的尊嚴，而首富向他討債極大地成全了他的尊嚴。在首富眼裡，世上無乞丐；在祖父心中，自己何曾是乞丐？

把「施恩」變成了「施捨」，一字之差，效果大不一樣。像那位村中首富一樣，幫了別人的忙，就覺得有恩於人，四處散播，唯恐天下人不知，於是心懷一種優越感，高高在上，不可一世。這種態度是很危險的，常常會引發反面的後果，也就是給別人幫了忙，卻沒有增加自己人情帳戶的收入，而正是因為這種驕傲的態度，把這筆帳抵消了。

所以，我們在幫忙時不要使對方覺得接受你的幫助是一種負擔，要做得自然。也就是說在當時對方或許無法強烈地感受到，但是日子越久越體會出你對他的關心，能夠做到這一步是最理想的。幫忙時要高高興興，不可以心不甘、情不願的。如果你在幫忙的時候，覺得很勉強，意識裡存在著「這是為對方而做」的觀念，那麼一旦對方對

你的幫助毫無反應，你一定大為生氣，認為「我這樣辛苦地幫你忙，你還不知感激，太不識好歹了」，如此的態度甚至想法都不要表現出來。

如果對方也是一個能為別人考慮的人，你為他幫忙的種種好處，絕不會像打出去的子彈似的一去不回，他一定會用別的方式來回報你。對於這種知恩圖報的人，應該經常給他些幫助。

我們要知道，人際往來，幫忙是互相的，切不可一句「有事嗎」、「你幫了我的忙，下次我一定幫你」等。忽視了感情的交流，會讓人興味索然，彼此的交情也維持不了多長時間。

不在失意人面前談自己的得意之事

當你的人生處於得意之時，千萬別將得意之色在那些此時正處於人生低谷的人面前顯露，這樣才不會傷害他的「面子」。反之當你把自己的得意表露無遺時，就會招來別人的怨恨。

誠然，人在得意時都會有張揚的欲望，都想及時地把得意的事和大家分享，以顯示自己的優越感。但是要談論你的得意時，要注意說話的場合和對象。你可以在演說的公眾場合談，對你的員工談，享受他們投給你的羨慕目光，也可以對你的家人談，讓他們以你為榮，引以為豪，但就是不要對失意的人談。因為失意的人最脆弱，也最敏感，更容易觸發內心的失落感。你的每一句得意之言都會在他心中形成鮮明的對比，你的談論在他聽來都充滿了諷刺與嘲諷的味道，讓失意的人感受到你「看不起」他。這樣會大大傷害他的「面子」，無情地撕裂他的自尊心和驕傲。

當別人夫妻失和，跟你訴苦時，你與其大發宏論，教他夫妻相處之道，不如說：「其實，家家如此，你看我和我的另一半，現在好像很恩愛，其實，我們以前也常吵

架，甚至曾想過要離婚呢！」這樣，他就會在心中想，他比你當年還要強很多，以後應該至少會和你一樣好。

別人事業失敗，跟你訴苦時，你與其以成功者的姿態來指導事業通暢之道，不如告訴他，你當年跌得比他更慘，現在的輝煌是一點一點慢慢做起來的。這樣，他也會想，他也能東山再起，和你一樣成功。

大家的婚姻都曾失和，大家的事業都曾失利，你和他不是因此而有了共同意識，在感覺上走得更近了嗎？

人生在世，難免會遇到各式各樣的挫折，所以在他人陷入生活的低谷時，我們千萬不要將自己的成就擺出來炫耀，不能太過張揚，否則只會引起別人的厭煩，在交往中使自己孤立無援。因此，年輕人要學會淡化自己的得意，善待他人的失意。

生活中，確實有些人認為自己總會比別人技高一籌，事事比人強。他們總喜歡把得意掛在嘴上，逢人便誇耀自己如何如何能幹，如何如何富有，完全不顧及別人的「面子」，甚至沒有顧及當時的聽者是不是一個正處於人生低迷期的人，他們誇誇其談後總以為能夠得到別人的敬佩與欣賞，而事實上，別人並不願意聽他的得意之事，自我炫耀的效果往往是適得其反。

一次，小蓉約了幾個朋友來家裡吃飯，這些朋友彼

此都是熟識的。小蓉把他們聚攏來主要是想借著熱鬧的氣氛，讓一位目前正陷入低潮的朋友心情好一些。

這位朋友不久前因經營不善，關閉了一家公司，妻子也因為不堪生活的壓力，正與他談離婚的事，內外交迫，他實在痛苦極了。

來吃飯的朋友都知道這位朋友目前的遭遇，大家都避免去談與事業有關的事，可是其中一位姓吳的朋友因為目前賺了很多錢，酒一下肚，忍不住就開始談他的賺錢本領和花錢功夫，那種得意的神情，連小蓉看了都有些不舒服。那位失意的朋友低頭不語，臉色非常難看，一會兒去上廁所，一會兒去洗臉，後來他提早離開了。小蓉送他出去，在巷口，他憤憤地說：「老吳會賺錢也不必在我面前說得那麼神氣，太不給人面子了。」

小蓉瞭解他的心情，因為在多年前她也有過低潮，而當時正風光的親戚在她面前炫耀自己的薪水、年終獎金時，那種感受，就如同把針一支支插在心上，有說不出的苦楚。

小蓉那位賺了不少錢的朋友，正是不會做人。會處世的人會將自己的得意放在心裡，而不是放在嘴上，更不會把它當做炫耀的資本。他們會在和朋友交談時，多談他關心和得意的事，這樣不僅可以贏得對方的好感和認同，

也可以加深彼此之間的感情。

　　我們要時時刻刻注意為別人保住體面和尊嚴，才不會被人討厭，才能拉近與他人的距離，讓自己的人生多一條坦途，少一分牽絆。

得理時也要讓人三分

在生活中有些年輕人會因為一件芝麻大的小事沒完沒了，得理不讓人，無理也要辯三分。這是非常不明智的，過於「講理」，並不能為自己贏得什麼好感。蘇格拉底曾經說過：「一顆完全理智的心，就像是一把鋒利的刀，會割傷使用它的人。」在這個世界上，沒有完全絕對的事情，就像一枚硬幣一樣具有它的兩面性。我們要想獲得他人的好感，拉近與他人的距離，就會學會得理也讓人三分。

在一個春天的早晨，房太太發現有三個人在後院裡東張西望，她便毫不猶豫地撥通了報警電話，就在小偷被押上警車的一瞬間，房太太發現他們都還是孩子，最小的僅有14歲！他們本應該被判半年監禁，房太太認為不該將他們關進監獄，便向法官求情：「法官大人，我請求您，讓他們為我做半年的勞動作為對他們的懲罰吧。」

經過房太太的再三請求，法官最後終於答應了她。房太太把他們帶到了自己家裡，像對待自己的孩子一樣熱情地對待他們，和他們一起勞動，一起生活，還給他們講

做人的道理。半年後，三個孩子不僅學會了各種技能，而且個個身強體壯，他們已不願離開房太太了。房太太說：「你們應該有更大的作為，而不是待在這兒，記住，孩子們，任何時候都要靠自己的智慧和雙手吃飯。」

許多年後，三個孩子之中有一個成了一家工廠的主人，一個成了一家大公司的主管，而另一個則成了大學教授。每年的春天，他們都會從不同的地方趕來，與房太太相聚在一起。

房太太就是「得理讓三分」的典範。

「人活一口氣，佛爭一炷香。」這是一個人在被人排擠，或者被人欺侮時，經常說的一句急欲「爭氣」的話。其實也未必如此，試想一下，一個人究竟能有多大的氣量？大不了三萬六千天，這還是極少數。就像古代名人張英說的那樣，「萬里長城今猶在，不見當年秦始皇」。「千里捎書為堵牆」，卻不如「得饒人處且饒人，讓他三尺又何妨」。這方面，不管是古人還是今人，有好多值得我們學習的地方。

其實，世界上的理怎麼可能都讓某一個人占盡了？所謂「有理」、「得理」在很多情況下也只是相對而言的。凡事皆有一個限度，過了這個限度就會走向反面，「得理不讓人」就有可能變主動為被動，反過來說，如果

能得理且讓人，就更能表現出一個人的氣量與水準。給對手或敵人一個臺階下，往往能贏得對方的真心尊重。

一個人不僅要自己的胸懷寬廣，度量恢宏，更要注意別人的自尊。一個人如果損失了金錢，還可以再賺回來；一旦自尊心受到傷害，就不是那麼容易彌補的，甚至可能為自己樹起一個敵人。「得理且讓人」就是要照顧他人的自尊，避免因傷害別人的自尊而為自己樹敵。

得理讓三分，得饒人處且饒人，其實都是要我們學會忍讓和寬容，說起來簡單，可是做起來卻並不容易，因為任何忍讓和寬容都是要付出代價的。

人的一生誰都會碰到個人利益受到別人有意或無意的侵害，為了給自己的未來營造和諧的生活環境，就要在生活中多幾分忍讓和寬容，即使有時候自己的利益受到了潛在的威脅，也要抵禦心中的憤怒，用寬容和大度來化解心中的怨恨。如果這樣，自己的未來就少幾分危機，多幾分平和，何樂而不為？

成全他人的好勝心

　　人人都有自尊心，人人都有好勝心，若要聯絡感情，應處處重視對方的自尊心，必須抑制你自己的好勝心，成全對方的好勝心。若能做到這一點，在危險中我們即可以保全自己，在競爭中你將更容易獲勝，在日常與人相處中你將獲得好人緣。

　　漢初良相蕭何秦末隨劉邦起兵反秦，劉邦進入咸陽，蕭何把相府及禦史府的法律、戶籍、地理圖冊等收集起來，使劉邦知曉天下山川險要、人口、財力、物力的分佈情況。項羽稱王後，蕭何勸說劉邦接受分封，立足漢中，養百姓，納賢才，收用巴蜀二郡的賦稅，積蓄力量，然後與項羽爭天下。為此深得劉邦信任，被任為丞相。楚漢戰爭中，蕭何留守關中，安定百姓，徵收賦稅，供給軍糧，支援了前方的戰鬥，為劉邦最後戰勝項羽提供了物質保證。西漢建立後，劉邦認為蕭何功勞第一，封他為侯，後被拜為相國，還派了一名都尉率五百名士兵作相國的護衛。

　　一次，蕭何在府中擺酒慶賀。有一個名叫召平的人

進來對蕭何說：「相國，您的大禍就要臨頭了。皇上在外風餐露宿，而您長年留守在京城，您既沒有什麼汗馬功勞，又沒有什麼特殊的勳績，皇上卻給您加封，又給您設置衛隊，這是由於最近淮陰侯在京謀反，因而也懷疑您了。安排衛隊保衛您，這可不是對您的寵愛，而是為了防範您。希望您辭掉封賞，再把全部私家財產都捐給軍用，這樣才能消除皇上對您的疑心。」

蕭何聽從了他的勸告，劉邦果然很高興。同年秋天，英布謀反，劉邦親自率軍征討。他身在前方，每次蕭何派人輸送軍糧到前方時，劉邦都要問：「蕭相國在長安做什麼？」使者回答，蕭相國愛民如子，除辦軍需以外，無非是做些安撫、體恤百姓的事。劉邦聽後總默不作聲。使者回來後告訴蕭何，蕭何也沒有識破劉邦的用心。

有一次，偶然和一個門客談到這件事，這個門客忙說：「這樣看來您不久就要被滿門抄斬了。您身為相國，功列第一，還能有比這更高的封賞嗎？況且您一入關就深得百姓的愛戴，到現在已經十多年了，百姓都擁護您，您還在想盡辦法為民辦事，以此安撫百姓。現在皇上所以幾次問您的起居動向，就是害怕您借關中的民望而有什麼不軌行動啊！如今您何不賤價強買民間田宅，故意讓百姓罵您、怨恨您，製造些壞名聲，這樣皇上一看您也不得民心了，才會對您放心。」

為了消除劉邦對他的疑忌，只得故意做些侵奪民間財物的壞事來自汙名節。不多久，就有人將蕭何的所作所為密報給劉邦。劉邦聽了，像沒有這回事一樣，並不查問。當劉邦從前線撤軍回來，百姓攔路上書，說相國強奪、賤買民間田宅，價值數千萬。劉邦回長安以後，蕭何去見他時，劉邦笑著把百姓的上書交給蕭何，意味深長地說：「你身為相國，竟然也和百姓爭利！你就是這樣「利民」啊？你自己向百姓謝罪去吧！」劉邦表面讓蕭何自己向百姓認錯，補償田價，可是內心裡卻竊喜。對蕭何的懷疑也逐漸消失。

　　劉邦身為開國皇帝，自是不希望臣子的威信高過自己。蕭何採納了門客的建議成功的保全了自己。

　　人們在人際交往中也是如此，每個人都有好勝心，懂得成人之美，讓自己的表現不蓋過他人的風光，是一種雙贏、皆大歡喜的智慧。這樣的人才是真正的會做人，才會深得他人喜愛，讓自己的人際關係越來越順利。

千萬不要暴露別人的隱私

　　暴露別人的隱私，對任何人來說，都不是令人愉快的事。不去提及他人平日認為弱點的地方，是會做人的年輕人需要做到的。

　　李陽龍長得高大英俊，在大學校園內有「戀愛專家」的雅號。如今他是一家外資公司的高級職員，英俊的長相和豐厚的薪水使他在眾多的女友中選上了貌若天仙的林麗麗。也許是為了炫耀自己的能耐，李陽龍帶著林麗麗去參加朋友聚會。

　　就在大家天南地北閒談的時候，「快嘴」王換了話題，談起了大學校園羅曼蒂克的愛情故事，故事的主角自然是「戀愛專家」李陽龍。「快嘴」王眉飛色舞地講述李陽龍如何引得眾多女生趨之若鶩，又如何在花前月下與女生卿卿我我。林麗麗開始還覺得新奇，但越聽越不是滋味，終於拂袖而去。李陽龍只好撇下朋友去追林麗麗。

　　「快嘴」王不是有意要揭李陽龍的傷疤，但他的追憶往事確實使林麗麗難以接受，無端捅出妻子。這不僅使

李陽龍要費不少周折去挽回即將失去的愛情，而且使在場的人心裡也老大不高興。在朋友聚會時，挑愉快的事說是活躍氣氛的好辦法，但口下留情很重要，千萬不要揭別人的傷疤，否則，你就會成為不受歡迎的人。說話應該謹言慎行，給語言的刀子加上一把鞘。

在中國素有所謂「逆鱗」之說，即使再馴良的龍，也不可掉以輕心。龍的喉部之下約直徑一尺的部位上有「逆鱗」，全身只有這個部位的鱗是反向生長的，如果不小心觸到這一「逆鱗」，必會被激怒的龍所殺。其他的部位任你如何撫摸或敲打都沒關係，只有這一片逆鱗無論如何也接近不得，即使輕輕撫摸一下也犯了大忌。

所謂的「逆鱗」就是我們所說的「痛處」，也就是缺點、自卑感。無論人格多高尚、多偉大的人，身上都有「逆鱗」存在。只要我們不觸及對方的「逆鱗」就不會惹禍上身。所以，針對這一點我們有必要事先研究，找出對方「逆鱗」所在位置，以免有所冒犯。

受傷的瘡疤不能碰，越碰越容易發炎，難免會使傷口越大。觸人痛處，猶如在他人的傷疤上灑鹽，其結果犯了人與人相處的大忌，得罪了別人，自己也撈不到什麼好處。

他人的心事，看透別點破

人非聖賢，有時難免做一些不適當的事。在這種情況下，聰明的年輕人要把握好指責他人的分寸，看破別人的心思而不點破，保留對方的面子。

在交際中，我們應盡量避免觸及對方的敏感區，避免使對方當眾出醜。心理學的研究表明，每個人都不願自己的錯誤或隱私在公眾面前「曝光」，一旦出現這種情況，就會感到難堪或惱怒。必要時可委婉地暗示對方的錯處或隱私，給他造成一心理壓力。

魏王的異母兄弟信陵君，在當時名列「四公子」之一，知名度極高，因仰慕信陵君之名而前往的門客達三千人之多。

有一天，信陵君正和魏王在宮中下棋消遣，忽然接到報告，說是北方國境升起了狼煙，可能是敵人來襲的信號。魏王一聽便打算召集群臣共商應敵事宜，坐在一旁的信陵君則不慌不忙地：「先別著急，或許是鄰國君主行圍獵，我們的邊境哨兵一時看錯，誤以為敵人來襲，所以升起煙火，以示警戒。」

過了一會兒，又有報告說是鄰國君主在打獵。

魏王很驚訝：「你怎麼知道這件事情？」信陵君很得意地回答：「我在鄰國布有眼線，所以早就知道鄰國君王今天會去打獵。」

從此，魏王對信陵君逐漸地疏遠了。後來，信陵君失去了魏王的信賴，晚年沉溺於酒色，終致病死。

任何人知道了別人都不曉得的事，難免會產生一種優越感，對於這種旁人不及的優點，我們必須隱藏起來，以免招禍，切不可像例子裡的信陵君那樣。

齊國一位名叫隰斯彌的官員，住宅正巧和齊國權貴田常的官邸相鄰。田常為人深具野心，後來欺君叛國，挾持君王，自任宰相執掌大權。隰斯彌雖然懷疑田常居心巨測，不過依然保持常態，絲毫不露聲色。

一天，隰斯彌前往田常府第進行禮節性的拜訪，以表示敬意。田常依照常禮接待他之後，破例帶他到邸中的高樓上觀賞風光。四周風暴一覽無遺，唯獨南面視線被隰斯彌院中的大樹所阻礙，於是隰斯彌明白了田常帶他上高樓的用意。

隰斯彌回到家中，立刻命人砍掉那棵阻礙視線的大樹。

正當工人開始砍伐大樹的時候，隰斯彌突然又命令工人立刻停止砍樹，他道出了其中的奧妙：

「能看透別人的祕密並不是好事。現在田常正在圖謀大事，就怕別人看穿他的意圖，如果我按照田常的暗示砍掉那棵樹，只會讓田常感覺我機智過人，對我自身的安危有害而無益。不砍樹的話，他頂多對我有些埋怨，嫌我不能善解人意，但還不致招來殺身大禍。」

隰斯彌正是看透他人心事，但不點破的典型。

在人際交往中，有的事不必弄得太明白，即使心裡明白，也不一定非得說出來。適時地睜隻眼閉隻眼，有百益而無一害。

能透視對方的內心，只不過是使你得到一種有利的武器罷了，更重要的是，你要懂得如何使用抓在手中的這把利器。如果胡言亂語，到處宣揚，很有可能傷害到自己。

所以，即使看破別人的心思也不要去點破。因為你不去點破他人的心思，充其量是落得他人的埋怨，卻不至於對自己造成危機。

不爭口頭上的勝利，讓對方贏

　　生活中有一類人，他們反應快，口才好，心思靈敏，在生活或工作中和人有利益或意見的衝突時，往往能充分發揮辯才，把對方辯得臉紅脖子粗，啞口無言。其實，這是種沒「心機」的表現。口頭上的贏不能叫贏，與人針鋒相對，處處抬槓，無論你說得多麼精彩，多麼富有哲理，也很難讓對方心服口服、甘拜下風。即使你勝了，其實也敗了。

　　有A和B兩個女士，A女士的性情非常固執，不肯認錯。有一天，她們倆正在閒談，無意中談到了一種有毒物質，而A女士偏說沒毒，有時吃了還可以滋補身體。B女士反對A女士的主張。但A女士越是受到B女士的反對，越是要為自己辯護。結果，A女士為使她的主張成立，對B女士說：「你不相信嗎？那我們可以當場試驗，我來吃給你看，到底我吃了砒霜之後會不會死。」B女士到了這時候，深恐A女士真的中毒而死，所以竭力說那種東西有毒，勸A女士不要冒險。但B女士越是勸A女士不吃，A女士越是要吃給B女士看。結果，A女士一命嗚呼。A女士死了

之後B女士深感悔恨，說當時不該和她那樣爭辯。

　　這個例子使我們年輕人可以好好想想。毫無意義的爭論能給當事人帶來什麼呢？答案是什麼都沒有，你會失去一位朋友或顧客，收穫一個敵人和憤怒的心情，而且不會有人因此而大讚你知識淵博與能言善辯，因為真正能言善辯的人懂得如何讓人心悅誠服。「會說話」而不是「會吵架」的人才是說話高手。

　　卡內基在第二次世界大戰結束後不久參加了一場宴會。卡內基左邊的一個先生講了一個幽默故事，然後在結尾的時候引用了一句話，意思大概是：此地無銀三百兩。那位先生還特意指出這是《聖經》上說的。卡內基一聽就知道他錯了。他看過這句話，然而不是在《聖經》上，而是在莎士比亞的書中，他前幾天還翻閱過，他敢肯定這位先生一定是搞錯了。於是他糾正那位先生說，這句話是出自莎士比亞的書。

　　「什麼？出自莎士比亞的書？不可能！絕對不可能！先生你一定弄錯了，我前幾天才特意翻了《聖經》的那一段，我敢打賭，我說的是正確的，一定是出自《聖經》！如果你不相信，我可以把那一段背出來讓你聽聽，怎麼樣？」那位先生聽了卡內基的反駁，馬上說了一大堆

話。

　卡內基正想繼續反駁，忽然想起自己的老友——維克多‧里諾在右邊坐著。維克多‧里諾是研究莎士比亞的專家，卡內基想他一定會證明自己的話是對的，於是轉向他說：「維克多，你說說，是不是莎士比亞說的這句話。」維克多盯著卡內基說：「戴爾，是你搞錯了，這位先生是正確的，《聖經》上確實有這句話。」隨即，卡內基感到維克多在桌下踢了自己一腳。他大惑不解，但出於禮貌，他向那位先生道了歉。

　回家的路上，滿腹疑問的卡內基埋怨維克多：「你明知那本來就是莎士比亞說的，你還幫著他說話，真不夠朋友。還讓我不得不向他道歉，真是顛倒黑白了。」維克多一聽，笑了：「李爾王第二幕第一場上有這句話。但是我可愛的戴爾，我們只是參加宴會的客人，而且你知道嗎，那個人也是一位有名的學者，為什麼要我去證明他是錯的？你以為證明了你是對的，那些人和那位先生會喜歡你，認為你學識淵博嗎？不，絕不會。為什麼不保留他的顏面呢？為什麼要讓他下不了臺呢？他並不需要你的意見，為什麼要和他抬槓？記住，永遠不要和別人正面衝突。」

　　只要我們稍微冷靜地想一想，就會發現大多爭論的

結果是，沒有一個人是勝利者。爭論既不能為雙方帶來快樂，也不能帶來彼此間的尊重和理解，更不能證明誰是真理的掌握者。爭論所能帶給我們的只是心理上的煩躁、彼此的怨恨與誤解，甚至讓你多一個敵人。這正是上述事例要告訴我們的。

爭吵發生的時候，驟然升溫的情緒之火會灼燒你的頭腦，使你煩悶、憤怒，甚至想與對方硬拼一場。對方的強詞奪理、唾沫橫飛令你憤恨不已，而在對方眼裡，你又何嘗不是同樣可惡的形象？當不斷升溫的情緒之火達到足以燒毀你僅存的一點理智的時候，一股難以抑制的仇恨之火便由心底升起。這就足以解釋為什麼口角之爭會發展到大動干戈的地步。然而這種以為打口水仗能盈利的人，顯然是大錯特錯了。

一場毫無意義的爭論並不能讓他人從心底裡佩服你。上升的級別越高、爭論的時間越長，越會傷害彼此，最後還會以一敗塗地而告終。我們一定要記住：口頭上的勝利是做人的悲哀，與爭論時，不妨讓人三分。

給別人表現的機會

　　威森先生從事將新設計的草圖推銷給服裝設計師或生產商的業務。一連3年，他每星期都前去拜訪紐約一位著名服裝設計師。「他從沒有拒絕會見我，但也從沒有買過我所設計的東西。」威森說道，「雖然他每次都仔細地看過我帶去的草圖，可是最後總是說：『對不起，威森先生，今天我們又做不成生意了！』」

　　經過不下於100多次的失敗之後，威森終於體會到自己過去一定是過於墨守成規了。至此，他下定決心，專門騰出一些時間來研究一下人際關係的有關學問，以幫助自己獲得一些新的觀念，調整一下工作方式。

　　後來，他再去紐約的時候，他把幾張沒有完成的草圖挾在腋下，然後見設計師。「我想請您幫點小忙，」威森說道，「這裡有幾張尚未完成的草圖，可否請您指點一下，以更加符合您的需要？」

　　設計師一言不發地看了一下草圖，然後說：「把這些草圖留在這裡，過幾天再來找我。」3天之後，威森去找設計師，聽了他的意見，然後把草圖帶回工作室，按照設計師的意見認真加工完善。結果呢？威森說道：「我一

直希望他買我提供的東西，這實在有點愚蠢，這是因為我沒有考慮到他本身就精通設計，沒有滿足他自我表現的欲望。後來我要他提供意見，他就實現了自己的表現欲望。這時，我並沒有要把東西賣給他，他卻主動要求買下了。」

這個事例表現了滿足他人表現欲望的重要性。當你給了他人表現的機會，他人反過來會對你產生好感，滿足你的需求。

心理學研究表明：每個人都具有讓他人認同自己發表意見的欲求，這在心理學上稱為「對優越感的欲求」。當我們向他人陳述一件對方不瞭解的事物，心理上總會有一股莫名的滿足感，原因就在於此。

在交往中，不妨讓他們的這種欲求得到滿足，以免破壞交談的氣氛。否則對方可能會因為欲求無法滿足而緊閉心胸，使交談無法正式展開，從而影響事情的順利進行。

有的時候，為了滿足別人表現的欲望，充分表示對他的重視，你不妨對自己知道的事情也故意裝出不甚瞭解的樣子，給他們提供一個發表欲望的契機，這樣會更有利於展開你們的談話。道理是顯而易見的：當你得意洋洋地說出自以為對方一無所知的事，卻發現對方知之甚詳，甚

至還是這方面的專家時，就會感到遭到挫折，而變得意興闌珊。反過來說，有些事我們雖然對它的來龍去脈瞭解得一清二楚，在別人面前卻必須故意裝作不知，以免破壞對方的心情。

有時候你過於展現鋒芒未必是一件好事，反而讓事情變得一團糟。因此要充分考慮、尊重他人的利益與見解，並把這些變成一種自覺意識，這是我們年輕人要懂得的做人智慧。

學會自省是做人的責任

西方著名哲學家柏拉圖說過，內省是做人的責任，人只有透過內省才能實現美德與道德。一個善於自省的人遇到問題往往會反求諸己，從自己的身上找原因，而不是把問題推到別人身上。

一般來說，自省心強的人都非常瞭解自己的優劣，因為他時時都在仔細檢視自己。這種檢視也叫做「自我觀照」，其實質也就是跳出自己的身體之外，從外面重新觀看審察自己的所作所為是否為最佳的選擇。這樣做可以真切地瞭解自己，同時，對於審視自己時必須是坦率無私的。

有一個青年，有一天在街角的小店借用電話。他用一條手帕蓋著電話筒，然後說：「是賈公館嗎？我是打電話來應徵做園丁工作的。我有很豐富的經驗，相信一定可以勝任。」電話那頭說：「先生，恐怕你弄錯了，我家主人對現在聘用的園丁非常滿意，主人說園丁是一位盡責、熱心和勤奮的人，所以我們這兒並沒有園丁的空缺。」

青年聽罷便有禮貌地說：「對不起，可能是我弄

錯了。」便掛了電話。小店的老闆聽了青年人的話，便說：「你想找園丁工作嗎？我的親戚正要請人，你有興趣嗎？」

　　青年人說：「多謝你的好意，其實我就是賈公館的園丁。我剛才打的電話，是想自我檢查，確定自己的表現是否合乎主人的標準而已。」

　　在生活中，我們應該像例子裡的園丁一樣，不斷自我反省，這樣才可以令自己立於不敗之地。我們每天早晨起床後，一直到晚上上床睡覺前，不知道要照多少次鏡子，這就是一種自我檢查，只不過是一種對外表的自我檢查。相比之下，對本身內在的思想做自我檢查，要比對外表的自我檢查重要得多。

　　我們不妨問問自己：你每天能做多少次這樣的自我檢查呢？可以設想一下，如果某一天我們沒有照鏡子，那會是一種什麼結果呢？也許，臉上的污點沒有洗掉；也許，衣服的領子出了毛病……總之，問題沒有被發現，就出了門。同樣，如果我們不對內在的思想做自我檢查，那麼就可能出言不遜也不知道，舉止不雅也不知道，心術不正也不知道……那是多麼的可怕！

　　我們不妨養成這樣一個習慣──每當夜裡躺到床上的時候，都要想一想自己今天的所作所為有什麼不妥當的

地方；每當出了問題的時候，首先對自己做一下檢查，看看有什麼不對；經常對自己做深層次、遠距離的自我反省。

能夠時時審視自己的人，一般很少犯錯，因為他們會時時考慮：我到底有多少力量？我能做多少事？我該做什麼？我的缺點在哪裡？為什麼失敗了或成功了？這樣做就能輕而易舉地找出自己的優點和缺點，更加客觀、更加深刻地發現錯誤，並糾正自己。

俗言道：「凡事留一線，日後好見面。」

凡事都能留有餘地，方可避免走向極端。

PART.03

做事懂得
隨機應變 的人

會少走

冤枉路。

請人幫忙懂得抓住時機

　　請人幫忙，把握住時機是非常重要的。當我們摸清了對方的心理，並等到一個合適的時機時，應該學會當機立斷，避免猶豫不決，貽誤良機，這樣才可以達到自己的目的。

　　慈禧喜歡別人稱她「老佛爺」，自然也喜歡故意擺出不殺生、行善積德的樣子給人看看。特別是60大壽之際，她更要做出一番「功德」來，好讓天下人都知她慈禧有好生之德。

　　李蓮英為了能夠在眾臣面前求得慈禧對自己的寵愛，以保自己的勢力，他絞盡腦汁地想出並試驗出一些絕招來奉承慈禧。

　　六十大壽這一天，慈禧按預先安排好的計畫，在頤和園的佛香閣下放鳥。一籠籠的鳥擺在那裡，慈禧親自抽開鳥籠，鳥兒自由飛出，騰空而去。等李蓮英讓小太監搬出最後一批鳥籠，慈禧抽開籠門後，鳥兒就紛紛飛出，但這些鳥兒在空中只盤旋了一陣，又唧唧喳喳地飛進籠中來了。

慈禧又驚奇又納悶，還有幾分高興，便向李蓮英說：「小李子，這些鳥怎麼不飛走哇？」

李蓮英很是得意，知道自己做的準備已經讓主子高興了。於是，跪下叩頭道：「奴才回老佛爺的話，這是老佛爺德威天地，澤及禽獸，鳥兒才不願飛走。這是祥瑞之兆，老佛爺一定萬壽無疆！」

一般來說，李蓮英這個馬屁可謂拍得極有水準，這次卻拍到馬腿上了。慈禧太后雖覺拍得舒服，但又怕別人笑話她昏昧，於是臉上露出了殺氣，隨即怒斥李蓮英道：「好大膽的奴才，竟敢拿馴熟了的鳥兒來騙我！」

李蓮英並不慌張，他不慌不忙地躬腰稟道：「奴才怎敢欺騙老佛爺，這實在是老佛爺德威天地所致。如果我欺騙了老佛爺，就請老佛爺按欺君之罪辦我。不過在老佛爺降罪之前，請先答應我一個請求。」

在場的人一聽，李蓮英竟敢討價還價，嚇得臉都白了。慈禧雖號為老佛爺，卻是一個殺人不眨眼的劊子手，許多因服侍不周或出言犯忌的人都被她處死，哪個敢像李蓮英這樣大膽。

慈禧聽了這番話，立刻鐵青了臉，說：「你這奴才還有什麼請求？」

李蓮英說：「天下只有馴熟的鳥兒，沒聽說有馴熟的魚兒。如果老佛爺不信自己德威天地，澤及魚鳥禽

歇，就請把湖畔的百桶鯉魚放入湖中，以測天心佛意，我想，魚兒也必定不肯游走。如果我錯了，請老佛爺一併治罪。」

慈禧也有些疑惑了，她隨即走到湖邊，下令把鯉魚倒入昆明湖。奇怪的事情真就出現了，那些鯉魚游了一圈之後，竟又紛紛游回岸邊，排成一溜兒，遠遠望去，彷彿朝拜一般。這下子，不僅眾人嚇呆了，連慈禧也有些迷惑。她知道這肯定是李蓮英糊弄自己，但至於用了什麼法子，她一時也猜不透。

李蓮英見火候已到，哪能錯過時機，便跪在慈禧面前說：「老佛爺真是德威天地，如此看來，天心佛意都是一樣的，由不得老佛爺謙辭了。這鳥兒不飛去，魚兒不游走，那是有目共睹的，哪是奴才敢曚騙老佛爺，今天這賞，奴才是討定了。」

李蓮英說完，立刻口呼萬歲拜起來，隨行的太監、宮女、大臣，哪能不來湊趣，一齊跪倒。事情到了這份上，慈禧太后哪裡還能發怒，她滿心歡喜，還把脖子上掛的念珠賞給了李蓮英。

且不論李蓮英的為人如何，從這個故事我們可以看出，李蓮英抓住時機討巧的功夫實在高明至極。一個人辦事的成功，機會的作用是不可忽視的。就連韓愈也在他的

《與鄂州柳中丞書》中寫道：「動皆中於機會，以取勝於當世。」現實生活中，20幾歲的年輕人也應該抓住時機儘快達成自己計劃中的目標。

要把握住時機，最重要的是要認清時機。所謂時機，就是指雙方能談得開、說得攏的時候，對方願意接受的時候。主管正為應付老闆檢查而忙得焦頭爛額的時候，你卻找他去談待遇的不公，那你肯定要吃「閉門羹」甚至遭到訓斥。

掌握好請人幫忙的時機，才能提高辦事的成功率。下面的這兩種時機可以說是求對方的最佳時機。在辦事過程中，年輕人一定要注意把它牢牢抓住，那將會取得事半功倍的效果。

●第一，在對方情緒高漲時。

人的情緒有高潮期，也有低潮期。當人的情緒處於低潮時，人的思維就顯現出封閉狀態，心理具有逆反性。這時，即使是最要好的朋友讚頌他，他也可能不予理睬，更何況是求他辦事。

而當人的情緒高漲時，其思維和心理狀態與處於低潮期正好相反，此時，他比以往任何時候都心情愉快，說話和顏悅色，內心寬宏大量，能接受別人對他的求助，能

原諒一般人的過錯；也不過於計較對方的言辭，同時，待人也比較溫和、謙虛，能聽進一些對方的意見。

因此，在對方情緒高漲時，正是我們與其談話的好機會，切莫坐失良機。

●第二，在為對方幫忙之後。

中國人歷來講究「禮尚往來」、「滴水之恩，當以湧泉相報」。在你為他幫了一個忙後，他就欠下了對你的一份人情，這樣，在你有事求他幫忙的時候，他必然要知恩圖報。在不損傷對方利益的前提下，他能做到的事情，一般情況下會竭盡全力去幫助你。

年輕人要想辦事成功，靠自己的主觀努力來把握住時機也是十分重要的。

找個理由作為幫忙的依託

人類是理性的動物，不論什麼事情，希望能給別人一個合理的說法。即使是個無賴之人，也不願讓人說自己無理取鬧，他們總會有自己的「歪理」；皇帝殺臣下、除異己，也得給文武大臣有個解釋，真是「欲加之罪，何患無辭」，在請人幫忙的時候，我們也總要為自己找個藉口。藉口隨處都需要，只是編造技術有好有壞。

藉口，其實就是「沒理找理」，所以找藉口時要繃起臉來，一副「理直氣壯」的樣子，方能得逞。

有一個很有趣的故事：說是有一個印度人因偷竊被當場捉到。不料，小偷一點兒也沒有畏縮，反而理直氣壯地說：「如果我拿了東西又逃走，那才算是偷，但我現在只是拿到東西而已，大不了把東西還給你罷了。」說完就大搖大擺地溜走了。

對錯且不論，這個小偷確實是尋找藉口的高手，在我們看來，這個小偷本應該是理屈詞窮，不會想到他還有什麼可以詭辯的了。他卻還能理直氣壯，並說出一定的邏輯，這確實不簡單。

當然，這裡並不是鼓勵年輕人採取拒絕承認錯誤的

態度或學習顛倒黑白的行為。這裡強調的是，有些人面對被請求的人，就以理虧的口吻說話，這樣反而會使自己站不住腳，並無益處。

找人幫忙辦事，總是要找一定理由的，但具體應該怎樣找理由就應該多下一番工夫了。

以廣告人為例，他們可以說個個都是找藉口的高手，當即溶咖啡在美國首度推出時，曾有這樣一段故事。公司方面本來預測這種咖啡的「簡單」、「方便」會大受家庭主婦的歡迎。沒想到事與願違，其銷售並無驚人之處。姑且不論味道問題，大概是因為「偷工減料」的印象太強的關係。因為在美國，到那時為止，咖啡一直都是必須在家裡從磨豆子開始做起的飲料，只要注入熱水就能沖出一大杯咖啡來，怎麼看都太過便宜了。

所以，廠商便從「簡單」、「方便」的正面直接宣傳，改為強調「可以有效利用節省下來的時間」的廣告戰略——「請把節省下來的時間，用在丈夫、孩子的身上。」

這種改變形象的做法，去除了身為使用者的主婦們所謂「對省事的東西趨之若鶩」的內疚。因為「我使用速成食品，一點也不是為了自己的享樂，而是因為可以把節省下來的時間用到家人身上之故。」此後，銷售量年年急速上升。

人都是這樣，做事情講究名正言順，你給他一個名義，他是很樂於做些自我欺騙、掩耳盜鈴的事的，尤其是事情對自己有利的時候。實際上，嗜酒者從不主動要求喝酒，卻以「只有你想喝，我陪你喝」，或者「我奉陪到底」，「捨命陪君子」這類藉口來達到心願，表面上既不積極，也不乾脆。

這方面，我們中國人尤其擅長，即在辦某件事時總要找個理由作為依託，這樣才算圓滿。而且在這種理由的掩蓋下，即使他知道自己的責任，也會一味推卸。利用人們的這種心理，先替對方準備好藉口，對方就不會再推辭。比如，送禮給人時，先要說：「你對我太照顧了，不知如何感激，這是我一點小意思，請您接受。」由於有了藉口，所以對方減少了內疚意識，定會欣然接受禮物。

在請人幫忙時，年輕人不妨先在理由上做足文章，為幫忙辦事找個臺階。

請人幫忙也要名正言順，要有個理由，有個說法，給個交代，或找個藉口，做個解釋。在求人的理由上做文章，實際上就是為自己請人幫忙尋找個好藉口。

間接感化對方，讓其辦事

有時候，年輕人正面去請人幫忙勝算不大時，可以考慮從「側面」入手，也許會有意想不到的效果。

具體來說，間接感化對方為自己辦事的方法有以下三種：

●方法一，找能說善道的人幫忙。

一般會說話的人大多都是會辦事的人。辦事必須依靠資訊的溝通、思想的溝通和感情上的溝通來完成。而有人溝通得好，有人溝通得不好，所以說「好馬出在腿上，好人出在嘴上」。如果你自己口才不好，可以請一個能說善道的人來幫忙。

歷史上孟嘗君是齊國的名門貴族。有一次他與齊閔王意見不合，一氣之下辭去相職回到名叫薛的私人領地。

當時與薛接鄰的楚國正待舉兵攻薛。與楚相比，薛不過是彈丸之地，兵力糧草等均不能相比，楚兵一旦到來，薛地後果不堪設想。

燃眉之急，唯有求救於齊。但孟嘗君才剛剛與閔王

鬧翻了，沒有面子去求他，去了也怕閔王不答應。為此他傷透了腦筋。

正當此時，齊國大夫淳於髡來薛地拜訪。淳於髡不僅個人資質好，善隨機應變，與王室也有密切的關係，且他與孟嘗君本人也有私交。

孟嘗君當即決定直言相求：「我將遭楚國攻擊，危在旦夕，請君助我。」

淳於髡也很乾脆地答應了。

淳於髡趕回齊國進宮晉見閔王。閔王問他：「楚國的情況如何？」

閔王的話題正投淳於髡的所好，順著這個話題，淳於髡說：「事情很糟。楚國太頑固，自恃強大，滿腦子想以強凌弱；而薛呢，也不自量力……」

閔王一聽，馬上就問：「薛又怎麼樣？」

淳於髡眼見閔王入了圈套，便抓住機會說：「薛對自己的力量，缺乏分析，沒有遠慮，建築了一座祭拜祖先的祠廟，咳，真不知後果怎樣！」

齊王表情大變：「喔，原來薛有那麼大的祠廟？」隨即下令派兵救薛。

守護先祖之祠廟，是國君最大義務之一。為了保護祖先祠廟就必須出兵救薛，薛的危機就是齊的危機，在這

種危機面前，閔王就完全不再計較與孟嘗君的個人恩怨了。整個過程，淳於髡沒有提到一句請閔王發兵救孟嘗君，而是抓住閔王最關心的問題，旁敲側擊，點到痛處，令閔王自己主動發兵救薛，巧妙地解決了孟嘗君的難題。

●方法二，利用邊緣人物疏通。

請人幫忙，最好是針對關鍵人物下工夫。但是有的時候，關鍵人物不好找，也可以找與關鍵人物密切接觸的邊緣人物。

一天，一位辦理房地產轉讓的房產公司推銷員來到一位客戶家，帶著這位客戶的朋友的介紹信。彼此一番寒喧客套之後，就聽他講開了：「此次幸會，是因為我的同學孫某極為敬佩您，叮囑我若拜訪閣下時，務請您在這個雕像上簽個名⋯⋯」邊說邊從公事包裡取出這位朋友最近才完工的一個小型雕像。於是這位朋友不由自主地信任起他來。

在這裡，孫某的仰慕和簽名的要求只不過是個藉口，目的是說明自己與孫某的關係，並且對這位朋友進行恭維，使他開懷。

託人辦事透過第三者的言談，來傳達自己的心情和

願望，在辦事過程中是常有的事。人們會不自覺地發揮這一技巧。比如：「我聽同學老張說，你是個熱心人，請你幫忙這件事肯定錯不了。」等。但要當心，這種話不是說說而已的，也不能太離譜，有時有必要事先做些調查研究。

為了事先瞭解對方，可向他人打聽有關對方的情況。第三者提供的情況是很重要的，尤其是與被求者的初次會面有重大意義時，更應該盡可能多方收集對方的資料。

●方法三，借用「枕邊風」施加影響。

幽默大師林語堂曾斷言：「中國一向就是女權社會，女人總是在暗地裡對男人施加影響，左右著男人的心理情緒和處事態度，無形中便決定了事態的發展。」

一些老謀深算者深諳此道，找人幫忙辦事時，專門利用女人做文章，結果事半功倍。

西漢初年漢高祖劉邦率領大軍與匈奴交戰，被迫困守白登山。後續部隊被匈奴軍隊分頭阻擋在各要路口，無法前來解圍，形勢十分危急。眼見漢軍糧草越來越少，傷亡將士不斷增加，劉邦君臣急得像熱鍋上的螞蟻，坐立不安。

跟隨劉邦的謀士陳平連日以來，無時不在苦思冥想著突圍之計。這天，他正在山上觀察敵營動靜，突然發現山下敵軍中一男一女在共同指揮匈奴兵。經瞭解得知那是匈奴王冒頓單于和他的夫人閼氏。

　　他靈機一動，從閼氏身上想出一條計策，回去和劉邦一說，馬上得到了允許。

　　接著陳平派一名使者，帶著金銀珠寶和一幅圖畫祕密地去見閼氏。使者用高價買通了閼氏帳下的僕人，得到進見閼氏的機會。見到閼氏後，使者指著禮物說：「這些珠寶都是大漢皇帝送給您的，大漢皇帝想與貴國和好，所以送來禮物，請務必請您好好與匈奴王溝通溝通。」

　　閼氏的心被這份厚禮打動了，全部收下。

　　閼氏送走漢軍使者後，去見匈奴王，她說：「聽說漢軍的援軍快打過來了，這裡的漢軍陣地又攻不下來。一旦他們的援軍趕來，我們就被動了。不如接受漢朝皇帝講和的條件，乘機向他們多要些財物。」

　　匈奴王經過反覆考慮，終於同意了夫人的意見。後來，雙方的代表經過多次談判，達成了停戰協議。

　　利用「枕邊人」的幫忙確實是一種不錯的選擇。

　　當你正面求對方辦事有困難時，不妨從以上三個方

面入手，或許可以把你送到成功的彼岸。

請人幫忙如果自己沒有把握，可以找個能説善道的人從中串通，就能使事情好辦得多。

放長線可以釣大魚

萬事求人難，相信只要求過人的人心中都有這樣深刻的體會。現實生活中，為了請人幫忙，人們運用各式各樣的方法，可以說無所不用其極。當然其中有的方法可取，有的方法不可取。雖然，各式各樣的方法都收到了一定的效果，但運用人情效應有預見性地進行感情投資，放長線釣大魚，卻可以有著事半功倍的作用。

唐代京城中有位竇公，聰明伶俐，極善理財，但他卻財力綿薄，難以施展賺錢本領。沒有辦法，他打算先從小處賺起。

他在京城中四處逛蕩，尋求賺錢門路。某日來到郊外，卻見青山綠水，風景極美，有一座大宅院，房屋嚴整，一打聽，原來是一權要官宦的外宅。他來到宅院後花園牆外。但見一水塘，塘水清澈，直通小河，有水進，有水出，但因無人管理，顯得有點凌亂骯髒。竇公心想：生財路來了。他要買下那塊地，水塘主人覺得那是塊不中用的廢地，就以很低的價錢賣給了他。

竇公買到水塘，又湊借了些錢，請人把水塘砌成石

岸，疏通了進出水道，種上蓮藕，放養上金魚，圍上籬笆，種上玫瑰。

第二年春，那位權要宦官休假在家，一次逛後花園時聞到花香，於是到花園後一看，直饞得他流口水。竇公知道魚兒上鉤了，立即將此地奉送。

這樣一來，兩人成了朋友。一天，竇公裝作無意地談起想到江南走走，宦官忙說：「我給你寫上幾封信，讓地方官多加照應。」

竇公帶著這幾封信，往來於幾個州縣，賤買貴賣，又有官府撐腰，不出幾年便賺了大錢。而後又回到京師。

他又看中了皇宮東南處一大片低窪地。那裡因地勢低窪，地價並不貴。竇公買到手之後，雇人從鄰近高地取土填平，然後在上面建造館驛，專門接待外國商人，並極力模仿不同國度的不同房舍形式和招待方式。所以一經建成，便顧客盈門，連那些遣唐使們也樂意來往。同時又闢出一條街來，多建妓館、賭場甚至雜耍場，把這條街建成「長安第一遊樂街」，日夜遊人爆滿。不出幾年，竇公賺的錢數也數不清，成了國內首富。

在這個故事中，竇公採用的就是「放長線，釣大魚」的感情投資策略。事實證明，這種策略很有效。

用放長線釣大魚的方法請人幫忙需要有耐心，這和

釣魚的道理有點相似。一般來說，可透過下面的「三部曲」來實現：

第一，做餌與下鉤。這時候你需要掌握要釣的魚愛吃什麼東西——即要針對的人用什麼能夠激起其欲望；魚餌是否更能奏效，等等。下鉤要找對合適的「魚塘（即場合）」及合宜的時機。

第二，守竿。此階段一要有耐心，為人不可急功近利，不要「一下鉤就想見到魚」。二要冷靜，給「魚」一點點「甜頭」還不足以使其上當，也許對方是在試探是否安全。

第三，收鉤。這是最關鍵的時刻，到嘴邊的肉卻沒吃到的情況大都發生在這個時候。此時務必要深藏不露，一旦稍露崢嶸或過於急促，便會功虧一簣。老於世故者，定會隨機收放，張弛相宜，吊足對方胃口，讓鉤進嘴更深，釣得更牢。

善於放長線釣大魚的人，看到大魚上鉤之後，總是不急著收線揚竿，把魚甩到岸上，而是按捺下心頭的喜悅，不慌不忙地收幾下線，慢慢把魚拉近岸邊；一旦大魚掙扎，便又放鬆釣線，讓魚游竄幾下，再慢慢收釣。這樣一收一弛，待到大魚筋疲力盡，無力掙扎，才將它拉近岸

邊，用提網收補上岸。請人幫忙也是一樣，如果追得太緊，別人反而會一口回絕你的請求，只有耐心等待，才有可能成功。

年輕人應當儘量把眼光放長遠一點，多進行人緣方面的感情投資，即便在短期內這種投資不能獲得收益，但總有一天會得到成倍的回報。

請將不如激將

請人幫忙，如果遇到正面懇求難以達成目的的情況，不妨從反方向上努力，採取激將法。請人幫忙者為了讓對方動搖或改變原來的立場和態度，利用一些略帶貶損意義的、不太公正的話給對方罩上一頂「帽子」。而對方一旦被罩上這頂帽子，就會激起一種極力維護自我良好形象的欲望，從而用語言或行動表示自己不是這樣，自動地去改變原來的立場和態度。

在中國歷史上，諸葛亮可謂是運用激將法的大師。

漢獻帝十三年（208年），曹操率大軍攻打江南。劉備為了避免滅頂之災，派孔明去東吳遊說，試圖說服東吳聯合抗曹。

當時掌握吳國兵馬大權的是周瑜。孔明知道要想說服孫權，必先說服周瑜。但是，孔明並不瞭解周瑜的個性與為人，也不瞭解周瑜抵抗曹軍的態度，於是先透過魯肅探尋了一番。

這一天，孔明在魯肅的陪同下去見周瑜。周瑜聽完魯肅的軍情報告後，順口說了句：「應該向曹操投降。」

周瑜之所以這樣說，是想看看孔明的反應，摸清孔明的意圖。

孔明聽了微微一笑，說：「將軍所言極是！」之後，他又裝作很詫異的樣子，說：「主戰派的魯肅將軍，竟然不理解天下大勢。」

孔明繼續說：「吳國有一種可不受任何損失的投降方式，那就是把大喬、小喬兩名美女獻給曹操，這樣曹操的百萬大軍就會無條件撤退。」接著，他又高聲朗誦起《銅雀台賦》中的一段來：

「從明後以嬉遊兮，登層台以娛情；見太府之廣開兮，觀聖德之所營；建高門之嵯峨兮，浮雙闕乎太清……」

誦完後，孔明繼續說：「此賦是曹植所作，當曹操在漳河之畔興建豪華的銅雀台時，曹植特作賦來讚美，賦的意思是說：『當大王即位之後，在江河畔景盛之地建金殿玉樓，極盡庭園之美，藏江東名媛大喬、小喬於此為榮。』就吳國而言，犧牲大喬、小喬這兩個美女，等於是從大樹上落下兩片樹葉而已。所以，不如把大喬、小喬送往曹營，如此一來問題便可順利解決，根本不必再讓將軍勞神。」

周瑜一聽孔明此語，勃然大怒，將酒杯擲向地上，厲聲罵道：「曹操之老賊未免欺人太甚！」

原來所謂「二喬」是江南兩大美女。大喬是孫策的遺孀，小喬是周瑜的夫人。孔明早知道卻故意這樣說刺激對方。孔明的這一連串的圈套，將周瑜抗曹的本意激了出來，於是孔明趁熱打鐵，詳細分析形勢，更加堅定了周瑜抗曹的決心。

　　上述例子正是「請將不如激將」的典型。在交談中，正確運用巧言激將法，一定能收到積極的效果。

　　「激將法」的用法很多，不妨將以下幾點作為參考：

●直激法：就是面對面地貶低對方，刺激之，羞辱之，激怒之，以達到使他「跳起來」的目的。

　　某工廠改革用人制度，決定對中層幹部張榜招賢。榜貼出後，大家都看著能力、技術俱佳的技術員小劉。然而，由於某種原因，小劉正在猶豫。一位工人找到他，直言相激：「小劉，你不是大學的高材生嗎？大家巴望著你出息呢！沒想到，你連個主任的位子都不敢接，真是個窩囊廢！」

　　「我是窩囊廢？」話音未落，小劉就跳了出來說，「我非做出個樣子來不可！」他當場揭榜出任工廠車間主

任。

●暗激法：這是有意識地褒揚第三者，暗中貶低對方，激發他壓倒、超過第三者的決心。暗激法的巧妙，就在於它是透過弦外之音、言外之意，委婉曲折地傳遞刺激資訊。

　　曉麗是某校初三班的資優學生。有一段時間，她沉溺在言情小說之中，精神恍惚，上課心不在焉，成績直線下降。老師將她找去，並沒有嚴厲批評，而是跟她談了班上其他同學的一些情況。他說：「這段時間，王雅男、李從書、蔣麗君幾個同學的學習成績越來越好，他們在暗中較勁。你知道，王雅男在北市演講比賽中獲得了第一名，李從書在數學競賽中獲得第二名，蔣麗君這兩次物理測驗中都得了滿分，已超過了你。」聽了老師的話，她意識到如此下去就會有退步的危險，於是，她審視自己，下定決心，改正錯誤，重新振作起來。

●導激法：激言有時不是簡單的否定、貶低，而是「激中有導」，用明確的或誘導性的語言把對方的熱情激發起來。

某校一個調皮學生，學習成績很差。一次，他打了一位同學，還自誇是拳擊能手。老師叫住他說：「打架，算什麼英雄？有本事你跟他比成績功課。你期末考試如果趕上人家，那才是真正的英雄呢。」一句話激得這個調皮學生發憤學習，後來，他果然有了明顯的進步。

　　「水激石則鳴，人激志則宏」說的就是這個道理。請將不如激將，這種求人方法往往能激發對方巨大的潛能。

　　巧言激將，一定要根據不同的交談對象，採用不同的激將方法，才能收到滿意的效果。猶如治病，對症下藥，才有療效。如把藥下錯了，就或是於人無益，或是置人於死地，反而使事情向更壞的方向發展。

用興趣牽著對方走

　　人們在尋求別人幫助時，對方能不能答應你的要求，能不能全力幫助你把事情辦成，關鍵的問題就是他心裡是怎麼想的。他的心裡怎麼想問題，就決定了他對你提出的事是幫忙還是不幫忙。心理學家告訴我們，人們怎樣想一件事情完全是外在情趣和利益誘惑的結果。他對A問題感興趣或者想獲得A，他就會說對A有利的話，也會做對A有利的事，反之，他便具有原始不自覺的拒絕心理。

　　所以，我們要想爭取對方應允或幫忙，就應該設法使對方對這件事產生積極的興趣，或者設法讓對方感覺到幫完這件事後會得到自己感興趣的利益。

　　激起對方的興趣，具體來說有兩種方法：

●其一，巧妙利用對方的攀附之心。

　　請人幫忙時，你還可以巧妙地利用對方的攀附之心。當你身邊實在沒有合適的說客幫忙時，也可以找一個對方非常崇拜的名人，借用一下他的地位和聲望，充當你與被求者溝通的媒介。

　　攀附之心大部分人都有，誰不希望有個聲名顯赫的

朋友：一個明星，或者隨便什麼大人物。如果能躋身於他們的行列，自己也便沾上了榮耀，在別人眼裡也就身價大增了。

有位阿拉伯人名叫艾布杜，本來窮困潦倒，身無分文，就是使用了這種手段，廣求於天下，不但求來許多名人做朋友，還為自己求來了百萬家財。

艾布杜是這樣做的，他在自己的簽名簿裡貼有許多世界名人的照片，再模仿名人的親筆字，簽寫在照片底下，艾布杜便帶著這幾本簽名簿遊歷世界，登門造訪工商鉅子和富翁。

「我是因仰慕您而千里迢迢從阿拉伯前來拜訪您的，請您貼一張玉照在這本《世界名人錄》上，再請您簽上大名，我們會加上簡介，等它出版後，我會立即寄贈一冊……」

被他拜訪的富豪，一看到其中的照片和簽名都是當代世界的名人時，會有什麼反應呢？人都是好名的，尤其是有錢人更愛虛名。因此，多數的人都心甘情願地簽下大名，並提供照片。

又由於這些人非常有錢，又喜歡擺闊，一想到能跟世界名人排名在一起，便感到無限風光，這樣一來，他們就會毫不吝惜付給艾布杜一筆為數可觀的金錢。

每本簽名簿的出版成本不過是一兩美元。而富人所給的報酬，卻往往超過上千美元。艾布杜整整花了6年的時間，旅行96個國家，提供給他照片與簽名的共有2萬多人。給他的酬勞最多的2萬美元，最少的也有50美元，總計收入大約500萬美元。

艾布杜就是利用了那些富翁、名人的攀附之心，為自己賺得了大量錢財，可見這種做法的效果之大。

攀龍附鳳之心大部分世人都有，這就為我們請人幫忙多提供了一種方法。因此，我們在求人時，可以考慮一下運用這種方法達成目的。

●其二，先吊一下對方的興趣。

要想達到自己的目標，就必須吊一下對方的胃口，刺激起對方的欲望，暗示只要能辦成事，好事就在後頭，並不時地給些甜頭，讓他相信你所說的並非是一句空口大話，於是在不斷的刺激下，他的欲望也就被挑了起來，這時就是求他幫忙的好時候了。

有一天，一位推銷員向市民推銷一種炊具。他敲一位先生的家門，他的妻子開門請推銷員進去。那位太太說：「我的先生和隔壁的布朗先生正在後院，不過，我和

布朗太太都願意看看你的炊具。」推銷員說：「請你們的丈夫也到屋子裡來吧！我保證，他們也會喜歡我對產品的介紹。」

於是，兩位太太把他們的丈夫也請進來了。推銷員作了一次極其認真的烹調表演。這次表演給兩對夫婦留下了深刻的印象。但是先生們顯然裝出一副毫無興趣的樣子。

一般的推銷員，看到兩位主婦有買的意思，一定會趁熱打鐵，鼓動他們購買。但如果這樣，並不能保證一定能推銷出去，因為越是容易得到的東西，人們往往不覺得它珍貴，而得不到的才是好東西。

這位聰明的推銷員深知人們的心理，他決定先吊一下對方的胃口。

於是他洗淨炊具，包裝起來，放回到樣品盒裡，然後對兩對夫婦說：「多謝你們讓我作了這次表演。我實在希望能夠在今天向你們提供炊具，但我今天只帶了樣品，你們將來再買它吧。」

說著，推銷員故意起身準備離去。這時兩位丈夫立刻對那套炊具表現出極大的興趣，他們都站了起來，想要知道什麼時候能買得到。

推銷員真誠地說：「兩位先生，實在抱歉，我今天確實只帶了樣品，而且什麼時候發貨，我也無法知道確切

的日期。不過請你們放心，等能發貨時，我一定把你們的要求放在心裡。」

其中一位先生堅持說：「也許你會把我們忘了，誰知道呢！」

這時，推銷員感到時機已到，就自然而然地提到了訂貨事宜，「噢，也許⋯⋯為保險起見，你們最好還是付訂金買一套吧。一旦公司能發貨就給你們送來。這可能要等待一個月，甚至可能要兩個月。」結果兩家都爭先恐後地付了訂金。

人對於未知的事情總是很感興趣，如果在請人幫忙的過程中，充分利用人的這一弱點，先吊一下對方的胃口，那麼再難的事情也會變得簡單，正如上述例子裡的推銷員。

人們對什麼事情有興趣或認為什麼事情有滿意的回報，就會樂於對該事情投入感情，投入精力甚至投入資金。所以在請人幫忙時，可以用興趣牽著對方走，讓他幫忙。

聲東擊西，自己領悟

在這個世界上，沒有人是不求人的。比如說，小時候對不會做的功課，我們求人講解；長大後，為成家，我們求人說媒；工作時，我們求人合作，求人推銷……我們需要求人的事太多了。

如果你沒有口才，只一味地談自己的事，並不停地對對方說「真要麻煩你，請你幫忙」之類的話，只會讓人感到不耐煩。

巧妙地說服別人幫你辦事有很多技巧，其中有一種很重要的方法就是聲東擊西。明明說得是「東」，但暗示的卻是「西」，讓人從中領悟到你的用意，從而接受你的意見。

春秋時期，齊景公非常喜歡打獵，於是讓人養了很多老鷹和獵犬。有一次，負責養老鷹的燭鄒不小心給逃走了一隻。齊景公大怒，要把燭鄒殺掉。晏子聽說後想勸說齊景公不該殺燭鄒，但他沒有直接勸，而是採用了聲東擊西的方法，暗示景公不該殺燭鄒。

晏子說：「燭鄒有三條大罪，不能輕饒了他。讓我

先數說他的罪狀再殺吧！」景公點頭稱是。

晏子就當著齊景公的面，指著燭鄒，一邊扳著手指數說道：「燭鄒，你替大王養鳥，卻讓鳥逃了，這是第一條大罪；你使大王為了一隻鳥的緣故而要殺人，這是第二條大罪；殺了你，讓天下諸侯都知道我們大王重鳥輕士，這是你的第三大罪。三條大罪，不殺不行！大王，我說完了，請您殺死他吧！」

齊景公聽著聽著，聽出了話中的意思，停了半天，才慢吞吞地說：「不殺了，我已聽懂你的話了。」

其實晏子列舉的三大罪狀表面上是在指責燭鄒，實際上是說給齊景公聽的，說燭鄒犯了三大罪，暗示如果因此而殺死燭鄒會給齊國帶來不好的影響，人人都能聽明白，齊景公自然也不例外。

在有些場合，相同意思的話用不同的語言來表達，效果迥異。有時言在此而意在彼，令人回味無窮。

五代後唐的開國皇帝莊宗李存勖，有一次打獵興致來了，縱馬賓士。等到中牟縣，鞭急馬快，老百姓田地的莊稼被他踐踏了一大片。中牟縣令為民請命，擋馬勸阻。沒想到引起莊宗大怒，當面斥退縣令，並要將縣令斬首示眾，隨行大臣沒有一人敢進諫言。

過了一會兒，伶人中一個叫敬新磨的從背後轉到莊宗馬前，並立即率人追回要被砍頭的縣令，押至莊宗馬前，憤怒地指責縣令道：

「你身為一個縣官，難道還不知道我們的天子喜歡打獵嗎？你為什麼縱使老百姓在田地裡種莊稼來交納國家的賦稅呢？你為什麼不讓你們縣的老百姓餓著肚子而空著地，好讓天子來此馳騁打獵取樂呢？你的罪該死！」

怒斥之後，他請莊宗對中牟縣令立即行刑，其他伶人也隨聲附和。莊宗聽著、看著，然後哈哈一笑，縱馬而去，遂免了中牟縣令的罪，讓其回府了。

敬新磨對皇帝的一段諫言，奇特新穎，他指東說西，逗樂了莊宗皇帝，又免去了中牟縣令的死罪，可見敬新磨的聰明和煞費苦心

所以，當你在請人幫忙遇到阻礙時，完全可以採用這種背道而馳、指東說西的方法，讓對方從你的話中領悟出內在的道理，從而改變之前的決定。

求人請託要想獲得好的效果也不是件容易的事，所以，要使對方心甘情願地為你幫忙，一副銅牙鐵齒是不可少的。

自我貼金，增加辦事籌碼

請人幫忙，手段一定要靈活，特別是在商業場合求陌生人時，如果自身力量較弱，處於劣勢，那麼你不妨巧用一些手段，往自己臉上貼金，玩個把戲，把身價抬高，增加自身分量，這樣你才好求人。當然臉上的黃金是有一定限度的，否則無限度地提高自己只能是玩火自焚。

商業場合中，本就虛虛實實，誰也無法完全摸清商業夥伴和競爭對手的底細。在這種大環境下，如果你勢力弱而又想把事業做大，那麼你就應該多往臉上貼些黃金，抬高身價，至少給對方一個你實力強大的假象，這樣你才能成功地借助對方的力量辦成事。

有一年國際木材市場需求增加，價格上揚，某大型林場看準這一時機，將林場的木材打入國際市場，市場反映良好。然而好景不長，幾個月後，由於市場競爭激烈，木材的價格又大幅下跌，繼續堅持出口，林場將每年虧損上千萬元。

面對危機，場長認為，參與國際交易，他們是後起者，在強手如林的情況下，擠進去非常不容易，應想辦法

站住腳才行。如果一遇風險和危機就退出來，那麼，想再佔領市場就會更困難。於是他決心帶領大家從夾縫中衝出去。為此，他親自到歐美一些國家做市場調查，搜集資訊，尋找合夥對象，開闢新市場。

在國外，場長找到一家著名的傢俱生產集團。場長開門見山說明來意，希望那家公司能夠把他們的林場作為原料採購基地。

對方公司總經理說：「現在我們的原料供應系統很穩定，你有什麼優勢讓我們把別的公司辭掉，而選用你們的木材？」

場長對此不卑不亢地列舉了該林場三大優勢：第一，我們林場的木材品質有保證，有很高的信譽；第二，我們可以長期合作，保證長期供貨，長期供應價格上給予一定的優惠；第三，我們林場有自備碼頭，保證貨運及時，並有良好的售後服務，更重要的一點是保證信守合約。場長在大談林場的三大優勢後，還不疾不徐地對外方總經理說，林場剛剛與國際上另一家知名公司簽訂了供貨合約。那位經理聽說連那樣的大公司都與這家林場簽訂了合約，看來林場實力不弱啊！他立即同意就供貨問題正式洽談。

簽訂合約之前對木材進行現場檢測。經檢測，木林質地良好，是傢俱原材料的上上之選。經過一番討論，雙

方終於正式簽訂了合約，該林場在國際市場上也站穩了腳。

　　一般人求人，態度一定會低三下四，讓對方可憐，好像只有這樣才容易獲得救助。但是這種人對方可能見得比較多，也就會見怪不怪了。如果你一反常規，巧用手段為自己貼金，從氣勢上並不輸給對手，然後你再故意說一些抬高身價的話語，對方肯定會想到你或許真的實力不凡。正如上例中，那位場長沒有刻意地恭維對方而是信心十足地向對方提出要求，緊接著在不經意中道出自己與另一家公司簽訂了合約，無形中抬高了林場木材的身價，讓對方對他刮目相看，如此一來事情自然好辦多了。

　　平常辦事時，不妨改變以往謙恭謹慎的求人法，用一些博弈手段自我貼金，為自己更好地辦事創造條件。

請人幫忙是「磨」出來的

俗話說：「好事多磨，水滴石穿。」請人幫忙很多時候就是靠「磨」出來的，纏著對方不放是一種特殊的求人術，它以消極的形式爭取積極的效果，既表現出毅力，又給對方增加壓力。

「人心都是肉長的。」不管朋友之間的距離有多大，只要我們善於用行動證明自己的誠意，就會促使對方去思索，進而理解你的苦心，從固執的框子裡跳出來，那時你就將「磨」出希望。

日本「推銷之神」——原一平，小時候是全村裡的「麻煩人物」，人見人怕。由於自己聲名狼藉，23歲那年他便隻身一人來到東京開始創業。到了35歲的時候，他已經成為日本保險界赫赫有名的人物，闊別家鄉十幾年的他，終於高高興興地回去探親。

原一平這次回家有兩個目的，一是想讓家鄉人都知道當年的「麻煩人物」已經改好了；二是想在自己的家鄉展開保險工作。所以回到家鄉不久，便大力宣揚保險知識。遺憾的是村民根本不相信當年的「麻煩人物」，怕吃

虧，誰也不願加入。原一平明白要想在村裡開拓保險工作，最重要的是要依靠村長的幫忙才能順利進行。

現在的村長是當年和原一平一起玩的朋友，而且當時的原一平經常欺負他，如今要想得到村長的幫助，肯定很不容易。不過，原一平沒有放棄，找了時間帶了點禮物來到村長家，村長一看是當年的「麻煩人物」回來了，不禁想起了他以前在村裡做的壞事，下意識地吃了一驚。

當原一平提及讓村長幫忙動員村民一起學習、加入保險的時候，村長一口回絕了。

第二天，原一平提著禮物又來了，村長好像有點不好意思，但是依然拒絕了。

第三天，原一平又來了。不過這次村長的家人告訴他說，村長到幾十里外的鄰縣親戚家幫助蓋房子。原一平得知這個消息後，明白村長是故意不肯見他。於是原一平騎車按照村長家人說的地點追了去，車子一放，袖子一挽就幫忙了起來，工作完後還繼續和村長「磨」。

為了找一個長談的時機，原一平乾脆天沒亮就起床，冒雨趕到村裡，在村長家門外一站就是兩個鐘頭，村長起床開門愣住了，見原一平淋得像落湯雞，只好答應了他的請求。

村長這個堡壘一攻破，這個村加入保險的局面就打開了。

原一平最後之所以能達成目的，就在於他的「纏」功。但是，這種纏著對方不放的求人術並不是人人都能做得很好的，只有控制好自己，才能充分發揮其作用，為此必須掌握以下兩點：

●第一，要有足夠的耐心。

　　當求人過程中出現僵局時，人的直接反應通常是煩躁、失意、惱火甚至發怒。然而，這無助於事情的解決。你應理智地控制自己，採取忍耐態度。這時，忍耐所表現的是對對方處境的理解，是對轉機到來的期待。有了這種心境，你就能在精神上使自己處於強有力的地位，改變自己全部的聰明才智，想方法去突破僵局。

●第二，要能抓住時機辦事。

　　「磨」不是消極地耗時間，也不是硬和他人耍無賴，而是要善於採取積極的行動影響對方、感化對方，促進事態向好的方向轉化。磨功，也是一種韌勁、一種謀略。在請人幫忙時，誰磨的功夫高，誰就是勝者。

　　很多時候，人們認為求人纏著對方不放是一件很為難的事情。但事情不辦成是不行的，對方有意推脫、拒絕，那只能

靠纏著對方來達到目的了。所以，臉皮厚、有耐心也是求人的基本功。

先在心理上滿足對方

請人幫忙，如果能感動別人來幫助你，這是最好的辦法。但要感動別人，就得從他們的需要入手。你必須明確，要一個人幫你做任何事情，唯一有效的方法就是使他自己心甘情願。同時，還必須明白，人的需要是各不相同的，各人有各自的癖好偏愛。只要你認真探索對方的真正意向，特別是與你的計畫有關的，你就可以依照他的偏好去對付他。

我們年輕人首先應當將自己的計畫去適應別人的需要，然後你的計畫才有實現的可能。比如說服別人最基本的要點之一，就是巧妙地誘導對方的心理或感情，以使他人就範。如果你特別強調自己的優點，企圖使自己占上風，對方反而會加強防範心。所以，應該注意先點破自己的缺點或錯誤，使對方產生優越感。

此外，有些被求者，以為幫助了別人，有恩於你，心理上會不自覺地產生一種優越感，說不定還要對你數落一番。當你認為自己可能會被人指責時，不妨先數落自己一番，當對方發覺你已承認錯誤時，便不好意思再指責你了。

有一位年輕人是美國有名的礦冶工程師，畢業於美國的耶魯大學，又在德國的佛萊堡大學拿到了碩士學位。可是當年輕人帶齊了所有的文憑去找美國西部的一位大礦主求職的時候，卻遇到了麻煩。

　　原來那位大礦主是個脾氣古怪又很固執的人，他自己沒有文憑，所以就不相信有文憑的人，更不喜歡那些文質彬彬又專愛講理論的工程師。

　　當年輕人前去應徵遞上文憑時，原以為老闆會樂不可支，沒想到大礦主很不禮貌地對年輕人說：「我之所以不想用你就是因為你曾經是德國佛萊堡大學的碩士，你的腦子裡裝滿了一大堆沒有用的理論，我可不需要什麼文縐縐的工程師。」聰明的年輕人聽了不但沒有生氣，反而心平氣和地回答說：「假如你答應不告訴我父親的話，我要告訴你一個祕密。」大礦主表示同意，於是年輕人對大礦主小聲說：「其實我在德國的佛萊堡並沒有學到什麼，那幾年就好像是糊里糊塗地混過來一樣。」想不到大礦主聽了卻笑嘻嘻地說：「好，那明天你就來上班吧。」就這樣，年輕人在一個非常頑固的人面前通過了面試。

　　這位年輕人之所以最後可以得到這份工作，就在於他貶低了自己，讓對方在心理上得到了滿足，對方高興

了，其餘的事自然也更好辦了。

美國著名政治家帕金斯30歲那年就任芝加哥大學校長時，有人懷疑他那麼年輕是否能勝任大學校長的職位，他知道後只說了一句：「一個30歲的人所知道的是那麼少，需要依賴他的助手兼代理校長的地方是那麼的多。」就這短短的一句話，使那些原來懷疑他的人一下子就放心了。

大多數遇到這樣的情況，往往喜歡儘量表現出自己比別人強，或者努力地證明自己是有特殊才幹的人，然而一個真正有能力的領袖是不會自吹自擂的，所謂「自謙則人必服，自誇則人必疑」就是這個道理。

做事懂得隨機應變的人，會先在心理上滿足對方，如此事情就會變得簡單、順利多了。

20幾歲，
Twenty Something, All at Once
一次到位

引起對方的心理共鳴，辦事更容易

利用「心理共鳴」法請人幫忙不失為一個比較好的方法。人與人之間，本來有許多地方是相同的。但是要產生共鳴，應有相當的說話技巧。

當你對另一個人有所求的時候，最好先避開對方的忌諱，從對方感興趣的話題談起，不要太早暴露自己的意圖，讓對方一步步地贊同你的想法，當對方跟著你走完一段路程時，便會不自覺地認同你的觀點。

伽利略年輕時就立下雄心壯志，要在科學研究方面有所成就，為此，他希望得到父親的支持和幫助。

一天，他對父親說：「父親，我想問您一件事，是什麼促成了您與母親的婚事？」

「我看上她了。」父親不假思索地答道。

伽利略又問：「那您有沒有娶過別的女人？」

「沒有，孩子。家裡的人要我娶一位富有的女士，可是我只鍾情於你的母親，她從前可是一位風姿綽約的女孩。」

伽利略說：「您說得一點也沒錯，她現在依然風韻

猶存。您不曾娶過別的女人，因為您愛的是她。您知道，我現在也面臨著同樣的處境。除了科學以外，我不可能選擇別的職業，我對它的愛有如對一位美貌女子的傾慕。」

父親不解地問，「像傾慕女子那樣？你怎麼會這樣說呢？」

伽利略說：「一點也沒錯，親愛的父親，我已經18歲了。別的學生，哪怕是最窮的學生，都已想到自己的婚事，可是我從沒想過那方面的事，以後也不會。因為我只願與科學為伴。」

伽利略繼續說：「親愛的父親，您有才幹，但沒有力量，而我卻能兼而有之。為什麼您不能幫助我實現自己的願望呢？我一定會成為一位傑出的學者，獲得教授身份。我能夠以此為生，而且比別人生活得更好。」

說到這，父親為難地說：「可是我沒有錢供你上學。」

伽利略說：「父親，您聽我說，很多窮學生都可以領取獎學金，這錢是公爵宮廷給的。我為什麼不能去領一份獎學金呢？您在佛羅倫斯有那麼多朋友，您和他們的交情都不錯，他們一定會盡力幫忙的。他們只需去問一問公爵的老師奧斯蒂羅‧利希就行了，他瞭解我，知道我的能力……」

父親被說動了：「嗯，你說得有理，這是個好主

意。」

伽利略抓住父親的手，激動地說：「我求求您，父親，求您想個法子，盡力而為。我向您表示感激之情的唯一方式，就是……就是保證成為一個偉大的科學家……」

伽利略最終說動了父親，他實現了自己的理想，成為一位聞名遐邇的科學家。

這裡，伽利略請求父親幫忙，採用的是「心理共鳴」的說服方法。這種說服法一般可分為以下四個階段：

1.導入階段。先顧左右而言他，以對方當時的心情來體會現在的心情。例如，伽利略先請父親回憶和母親戀愛時的情形，這引起了父親的興趣。

2.轉接階段。伽利略巧妙地透過「我現在也面臨著同樣的處境」這句話把話題轉到自己身上。

3.正題階段。提出自己的建議和想法。伽利略提出「我只願與科學為伴」，這也正是他要說服父親的主題。

4.結束階段。明確提出要求。為了使對方容易接受，還可以指出對方這樣做的好處。伽利略正是這樣做的，他

說：「……為什麼您不能幫助我實現自己的願望呢？我一定會成為一位傑出的學者，獲得教授身份。我能夠以此為生，而且比別人生活得更好。」

就這樣，伽利略終於達到了自己的目的，為最終實現自己的理想奠定了基礎。

在日常生活中，年輕人也不妨試著用這種「心理共鳴」的方法求助別人，這可能會帶來讓你滿意的結果。

助他人威望，迂迴說服對方

狐狸是很聰明的動物，由於他沒有力氣，個子矮小，因此處境不利。在森林中，狐狸得不到尊敬，沒人真正把它放在眼裡。為了克服這一點，對於狐狸來說，其中的一個辦法就是說服老虎與他做朋友。透過與力大無比、令人敬畏的老虎密切交往，狐狸可以伴隨老虎左右在叢林中四處行走，而且享受眾獸給予老虎同樣提心吊膽的尊敬。即使老虎不在狐狸身邊，得知狐狸與老虎交往甚密，也足以保證狐狸在曠野中得以生存。

假如一隻狐狸不能夠與老虎交朋友，那麼這隻狐狸就應該製造一種跟老虎密切交往的假象，小心翼翼地跟在老虎的後邊，與此同時，大吹大擂他們之間有著深厚的友誼，這樣做，它便能製造出一種它得到老虎保護的假象。

這裡狐狸的生存法則，但是對於人類來說狐假虎威也是可以利用的。尤其在你請人幫忙的時候，如果來一招狐假虎威的把戲，借助於大人物的威力，那麼事情就會很容易辦成。

薩洛蒙‧安德列是19世紀末、20世紀初瑞典著名探

險家，有一次，他為了得到北極圈內有關的科學資料，填補地圖上的空白，組織安排了一次北極探險。

那是1895年，經過周密計算和安排，安德列在瑞典科學院正式提出乘飛艇到北極探險的計畫。在此之前，安德列曾在美國學習了有關航空學的全部理論，並且製造過由氣球而發展起來的飛艇，有關飛行試驗在美國和歐洲曾引起轟動。隨之而來的便是經費問題，由於人們對此不信任和不關心，因此也就很少有人提供經費。

安德列整天奔波，挨家挨戶去找那些大富豪和大企業家，但有誰願意投資一項與自己毫無關係的事業呢？又有誰願意投資一項也許沒有任何成功機會的冒險事業呢？安德列每天總是帶著失望和疲倦回到家裡。

經過很長時間的奔波，總算有一位好心而開明的大企業家表示願意提供贊助，他甚至表示願意承擔全部費用，同時他還向安德列提了一個很重要的建議：希望這項冒險計畫得到人們的關注，如果就這樣悄無聲息地走了，是不是削弱了這次探險的意義呢？

安德列聽完覺得很有道理，於是兩人經過商量，決定讓安德列繼續去募捐、擴大影響。但是，儘管安德列想盡辦法，跑遍全城，但人們的反應仍然很冷淡。安德列非常著急，情急生智，他想出了一個大膽的辦法，就是把自己的探險計畫寫成一篇極其詳細嚴謹的論文，用大量證據

論證了這項計畫的可行性及其意義，然後，他請那位開明的企業家想方法把這份文章呈獻給國王。

經過一番周折，國王終於見到了這篇文章，他對這個大膽的計畫感到很新奇，於是召見了安德列，並詢問有關探險的一些具體情況。兩個人談得很投機，最後安德列要求國王象徵性地提供一些小小的贊助，國王慨然應允。

這個消息很快就傳開了，新聞界對國王關注此事予以報導。既然國王都對這件事感興趣，那麼許多名流、富豪也都跟著對探險一事紛紛予以關心，捐贈了大筆費用。許多普通民眾也因此開始對這項計畫感興趣了，大家都明白了探險的意義。安德列的事業終於不再是他一個人苦苦奔波的事業，而是變成了一項公眾的事業。就這樣，安德列終於成功了！

巧借他人的力量和威名以達到自己的目的，這是一種韜略。安德列正是借助國王的力量，才使自己的探險事業取得了成功。

當你去請人幫忙時，不妨也試一下狐假虎威的辦法去換取別人的幫助。可是，在現實生活中，什麼東西是可以「借用」的「老虎」呢？我們可以參考下面列舉的幾個主要類型：

1.「老虎」可以是一位強大而有權有勢者，他與你

抱有同樣的夢想，而且願意幫助你的事業。

2.「老虎」也許是一個組織或者協會，它的夢想和觀點與你的一模一樣。透過跟別人攜手合作，同心協力，你能夠製造出這樣一種必不可少的形勢，即老虎就在你後面。

3.「老虎」或許是你的職位或者工作頭銜。孤家寡人常常勢單力薄，微不足道。然而，如果你為一位能夠呼風喚雨、有權有勢的雇主工作，你就不再僅僅是一位無能為力的孤家寡人了。

4.「老虎」也許是你的才智，或者是你的工作。假使艾薩克・史坦從來沒有拉過小提琴，那麼他永遠也不會成為我們今天所認識的艾薩克・史坦。透過精通這種樂器的本領，艾薩克・史坦成為舉世聞名的人物。由於同樣的原因，不管你從事哪種專業，你的工作都能成為你的「老虎」。

「老虎」並非僅僅指的是達官貴人、社會名流，我們應該時刻注意那些能讓我們提高聲譽和形象的人物及事情。他們都有可能是我們能成功地請人幫忙所謂的「老虎」。

巧妙釋疑好辦事

　　請人幫忙時，對方有時會很難做出決定，這是可以理解的。因為人的思想是複雜的，對某一事物不理解、想不通，往往是疑慮重重，這就需要遊說者善於以情解疑，把道理說透。疑慮消除了，自然就達到了請人幫忙的目的。

　　但消除別人的疑慮並不是一件很容易的事情，需要層層遞進、窮追不捨，把道理講明白、講透徹，這就是層層釋疑的方法。

　　1921年，美國百萬富翁哈默聽說蘇聯實行新經濟政策，鼓勵吸收外資，就打算去蘇聯做糧食生意，當時蘇聯正缺糧食，恰巧美國糧食大豐收。此外，蘇聯有的是美國需要的毛皮、白金、綠寶石，如果讓雙方交換，是一筆不錯的交易。哈默打定了主意，來到了蘇聯。

　　哈默到達莫斯科的第二天早晨，就被召到了政府的辦公室，這時政府官員和他進行了親切的交談。糧食問題談完以後，官員對哈默說，希望他在蘇聯投資，經營企業。西方對蘇聯實行新經濟政策抱有很深的偏見，搞了許

多懷有惡意的宣傳。哈默聽了，心存疑慮，默默不語。

聰明的官員當然看透了哈默的心事，於是耐心地對哈默講了實行新經濟政策的目的，並且告訴哈默：「新經濟政策要求重新發展我們的經濟潛能。我們希望建立一種給外國人以工商業承租權的制度來加速我們的經濟發展。」

經過一番交談，哈默弄清了蘇聯吸引外資企業的平等互利原則，於是很想試試看。但是不一會兒，他又動搖起來，想打退堂鼓。為什麼？因為哈默又聽說政府機構，人浮於事，手續繁多，尤其是機關人員辦事拖拉的作風，令人吃不消。

當官員聽完哈默的擔心時，立即又安慰他道：「官僚主義，這是我們最大的禍害之一。我打算指定一兩個人組成特別委員會，全權處理這件事，他們會向你提供你所需要的說明。」

除此之外，哈默又擔心在蘇聯投資企業，蘇聯只顧發展自己的經濟潛能，而不注意保證外商的利益，以致外商在蘇聯辦企業得不到什麼實惠。當官員從哈默的談吐中聽出這種憂慮，馬上又把話說得一清二楚：「我們明白，我們必須確定一些條件，保證承租的人有利可圖。商人不都是慈善家，除非覺得可以賺錢，不然只有傻瓜才會在蘇聯投資。」

官員對哈默的一連串的疑慮，逐一進行釋疑，一樣一樣地都給他說清楚，並且斬釘截鐵，乾脆俐落，毫不含糊，把政策交代得明明白白，使得哈默心裡的石頭落了地。沒過多久，哈默就成了第一個在蘇聯經營企業的美國人。

假如當初官員不是很巧妙地解開哈默的疑問，那麼哈默很有可能就不會在蘇聯投資了，這無論對哪一方都將會是一種損失。

若是你想求對方辦事，而對方又心存疑慮時，最好採用上述方法，巧妙解開對方的疑團，讓對方放下心理包袱，那麼事情就變得好辦多了。

暗中智取，沒有事情辦不成

有事情需要求人時，如果一味地拜託卻沒有結果，則可以暗中智取，讓對方不知不覺地為你辦事。正如兵法裡所說：堡壘最容易從內部攻破。明裡強攻不成，就該暗中智取。

鐘隱是五代十國時南唐的一位著名畫家，他雖家道殷富，卻倦於俗事，便學習前輩陶淵明先生做起隱士來。隱居山林，除了修身養性，練練氣功外，鐘隱最愛做的一件事就是畫畫。

不過，畫了一段時間，鐘隱就犯了「眼高手低」的毛病。經過冷靜反思他認識到，毛病就在於自己畫技貧乏。於是決定下山求師學藝。

下山後一打聽才知道，當時畫花鳥的高手叫郭乾暉，此公筆墨天成，曲盡物性之妙，尤其擅長畫鷙鷂。鐘隱非常高興，立即前往郭府拜師。

不料，郭乾暉並非世俗中人，雖然身懷絕技，卻不肯輕易授人，老先生作畫總吩咐下人把門關上，唯恐馬路上過往行人或是私闖進來的賓客，窺見一招一式。因此，

鐘隱興沖沖來到郭府，連大門也沒跨進，就被轟了出來。

鐘隱想了想拜師學藝應該有規矩才是，於是叫家人準備一車銀子，風風光光地再次登門求見。誰知門房仍擋住不讓他進去，還冷嘲熱諷道：「你認為我們家老爺缺銀子花嗎？告訴你吧，我們家老爺用毛筆劃個圈，能夠你小子吃個一年半載的。還想到這兒炫耀，也不看看是誰家！」

沒辦法，鐘隱只好拉著一車銀子失望地打道回府。

投師不成，鐘隱茶飯不香，夜不能寐。終於，他想出一條妙計，既然明著求他不行，何不來暗的呢？於是，他喬裝打扮成一個小廝，毛遂自薦地跑到郭府要當奴僕，且一再強調只混口飯吃，不要工錢。他畢竟是個畫家，化妝後連門房都沒認出他來。由於他要求不高，郭府又正缺人手，於是就被收下了。

鐘隱進入郭府後，得到了郭府上下的一致信任，就連郭老先生也撤除了對他的所有防線，作畫時竟然點名要他站在一旁磨墨，根本沒料到他是來學畫的。

此時，鐘隱就可以盡情地觀看郭老先生作畫時的筆法用彩，沒過多久，就把老先生那套密不示人的技藝爛熟於心了。

誰知，畫技學得越多，越是技癢難熬。有一天，鐘隱實在忍耐不住，乘興在牆上偷偷畫一隻鴿子，神形俱

佳。有人將此事向郭老先生報告，老先生聞訊前去觀看，一看就嚇了一大跳，知道這絕非外行所能畫出來的。於是，叫來鐘隱盤問。

鐘隱見紙裡包不住火，只好和盤托出，郭老先生聽罷並沒生氣，反而大受感動：「相公為了學畫，竟然不惜為奴，這叫老夫如何敢當？如此求學，真乃天下少見，老夫就破例把你收在門下吧。」

從此，郭乾暉老先生與鐘隱以師徒相稱，一個縱論畫道，密授絕技；一個潛心苦學，仔細揣摩。果然，鐘隱深得其旨，技藝猛進，畫有《鷹鴿雜禽圖》、《周處斬蛟圖》等名作傳於後世。

正是鐘隱暗中智取，才讓郭乾暉答應了收他為徒。假如當初鐘隱沒採取這個辦法，只是一味地當面求郭乾暉，恐怕事情就沒那麼好辦了。

請人幫忙時一定要做好暗中智取的準備，尤其對於一些比較固執或有某方面偏好的人來說，更應考慮用這種方法求其辦事。

讓對方嘗到甜頭再求其辦事

讓對方知恩圖報，心甘情願地幫你辦事是求人的一個很好的方法。為此，你可以先讓對方嘗到甜頭再提出要求，這樣辦成事就不難了。

法國皇帝路易十四當政期間，揮金如土，窮奢極侈，致使法國出現了嚴重的財政危機。路易十四為滿足其揮霍享用的需要，打算向著名銀行家也就是自己的老朋友貝爾納爾借錢，可惜卻遭到了拒絕。

因為貝爾納爾對路易十四奢靡的作風早已耳聞，而且他傲氣十足，覺得這樣的皇帝不配自己借錢給他。

但是對於路易十四來說，錢是一定要借的，因為國家實在沒有太多的錢了，但是國王也不能卑躬屈膝去向貝爾納爾借錢吧！於是路易十四左思右想，設計借到了錢。

有一天下午，國王從馬爾利宮走出來，和經常陪同他的宮廷人員一起逛花園。他走到一幢房子門前停了下來，那座房子的門敞開著，德馬雷正在裡面舉行盛宴款待貝爾納爾先生。當然，這桌宴席是事先奉國王之命準備的。

德馬雷看見國王，急忙上前行禮。路易十四滿面笑容，故作驚訝地看著他們說：「啊！財政總監先生，我很高興看到你和貝爾納爾先生。」國王又轉向後者說：「貝爾納爾先生，我的老朋友，好久不見……對了，你從來沒有見過馬爾利宮吧，我帶你去看看，然後我把你再交給德馬雷先生。」

這是貝爾納爾沒有料想到的事，他感到能得到國王的邀請非常高興和榮幸。於是貝爾納爾跟在國王身後到養魚池、飲水槽，在塔朗特小森林和葡萄架搭成的綠廊等處遊玩了一遍。

國王一邊請貝爾納爾觀賞，一邊滔滔不絕地說了些為了達到某種目的而慣用的漂亮話。路易十四的隨從們知道他一向少言寡語，看到他如此討好貝爾納爾都感到很驚奇。

遊玩之後，路易十四還送給了他一箱非常貴重的葡萄酒，說希望他們的友誼地久天長。貝爾納爾極度興奮，答謝後回到德馬雷那裡，他讚歎國王對他如此厚愛，說他甘願冒破產的危險也不願讓這位優雅的國王陷入困境。

聽了這番話，德馬雷趁著貝爾納爾心醉神迷的時候，提出了向他借600萬元鉅款的要求，貝爾納爾欣然應允。

路易十四之所以能如願以償借到一筆不小的數目，當然不只是因為他們的朋友關係和國王的面子，而是與他的「糖衣戰法」求人策略有很大關係。

　　中國人常說「吃人嘴軟」，一旦接受了人家的好處，占了人家的便宜，再拒絕起人家的請求來，就不那麼好意思開口了。

　　中國人重人情、講面子，「滴水之恩必以湧泉相報」，聰明人運用這一戰術，「糖衣炮彈」一出手，往往一發命中，而且百試百靈。

　　在求朋友辦事時，尤其是一些交情不太深厚的朋友，不妨先給他點甜頭，讓對方高興或欠個人情，這樣他就會全力幫我們了。

適時沉默，留出時間讓對方思考

在年輕人的印象中，一般都認為說服應當憑藉好口才，用語言攻勢，打敗對方，讓人信服。其實不然，偶爾採取沉默戰術同樣可以達到說服的效果。沉默可以引起對方注意，使對方產生迫切想瞭解你的念頭。

一家著名的電機製造廠召開管理員會議，會議的主題是「關於人才培育的問題」。會議一開始，山崎董事就用他那特有的聲音提出自己的意見：「我們公司根本沒有發揮人才培訓的作用，整個培訓體系形同虛設，雖然現在有新進職員的職前訓練，但之後的在職進修成效不顯著。職員們只能靠自己的摸索來熟悉工作情況，很難與當今經濟發展的速度銜接在一起，因而造成公司職員素質水準普遍低下、效益不高。所以，我建議應該成立一個讓職員進修的培訓機構，不知大家看法如何？」

「你所說的問題的確存在，但說到要成立一個專門負責培訓職員的機構，我們不是已經有這種機構了嗎？據我瞭解，它也發揮了一定的功用，我認為這一點可以不用擔心……」社長說。

「誠如社長所說，我們公司已經有組織，但它並沒有發揮實際作用。實際上，職員根本無法從中得到任何指導，只能跟著一些老職員學習那些已經過時的東西，這怎麼能夠將職員的業務水準迅速提升呢？而且我觀察到許多職員往往越做越沒有信心、越做越沒幹勁。所以，我認為它的功能不佳，所以還是堅持……」山崎董事不卑不亢地說。

「山崎，你一定要和我唱反調嗎？好，我們暫時不談這個話題，會議結束後，我們再做一番調查。」社長有些生氣。

就這樣，一個月後公司主管們重新召開關於人才培訓的會議。這次社長首先發言。

「首先我要向山崎道歉，上次我錯怪他了。他的提案中所陳述的問題確實存在。這個月我對公司進行了抽樣調查，結果發現它竟然未能發揮應有的功效。因此，今天召集大家開會是想討論一下應該如何改變目前人才培育的方法，請大家儘量發表意見吧！」

社長的話一出口，大家就開始七嘴八舌地提出建議，但令人奇怪的是，這一次山崎董事始終一語不發地坐在原位，安靜地聆聽著大家的意見，直到最後他都沒說一句話。

會議結束以後，社長把山崎董事叫進辦公室晤談。

「今天你怎麼啦？為什麼一句話也不說？這個建議不是你上次開會時提出來的嗎？」

「沒錯，是我先提出來的。」山崎說，「不過上次開會我把該說的都說了，其實那無非是想引起社長你對這個問題的重視罷了。現在的目的已經達到，我又何必再說一次呢？還不如多聽聽大家的建議。」

「是嗎？不錯，在此之前我反對過你的提議，你卻連一句辯解也沒有。今天大家提出的各種建議都顯得很空洞，沒有實際的意義，反倒是你的沉默讓我感到這個問題帶來的壓力。這樣吧，這件事就交給你去辦好了！今天起由你全權負責公司的人才培訓工作。請好好努力吧！」社長說。

「是，謝謝您對我的信任，我一定會努力把這件事做好！」山崎說。

有時沉默不語反而能夠出奇制勝，正如例子裡的山崎正是用沉默達到了自己的目的。

如果滔滔不絕，反而有理說不清。一個人要想在辦事中取得成功，就要學會適時地利用沉默，有時發揮的作用可能反而要比說話大得多。

借能人為自己辦棘手之事

事情有難易之分，面對易如反掌的事情，我們年輕人總是能輕鬆解決，但當面前的問題很棘手時，就不妨將問題拋出去，讓能人去解決。

有位知名度頗高、要求極為嚴格的建築師，他規劃了許多的建築物，然後分別包給多位承包商。

由於這位建築師對品質和進度要求甚高，所以在他的手下做事壓力巨大。在他的建築師事務所裡，經常可以聽到會議室裡傳出來的陣陣怒吼聲，因此，他手下的助理更換非常頻繁。這次，建築師請來的是一位剛畢業的年輕助理，負責監督和催促工程進度的工作。這個工作一向是最吃力不討好的，所以受到建築師的責難也最大。可是奇怪的是這位年輕助理連續工作了半年，居然很少受到建築師的責罵，工程的進度在他的監督下也幾乎都能跟上，同事們對此都感到非常不解。

直到有一天，同事們在跟這位年輕助理談論工作經驗時，才向其問道：「我們實在都很好奇，你工作時間不長，卻能把工程進度控制得如此之好，你到底是怎樣做到

的呢？」

年輕助理聳了聳肩，無比輕鬆地說：「其實，這很簡單，當一位承包商把難題丟給我，企圖拖延工程進度時，我就很堅定地告訴他：『我的進度不能變更，你是要和我解決呢？還是讓我們的建築師和你解決？』這樣他們通常都會沒什麼話說了。」

這位小夥子真的很聰明，他將自己的困境輕鬆地轉化為建築師和商人的問題，自己卻輕鬆了起來。

與之類似，中國歷史上也有一個非常有名的事例。

唐肅宗時，李輔國是宮中一名大宦官。至德元年（756年），肅宗在靈武稱帝后，李輔國官拜行軍司馬。凡是肅宗的起居出行、詔令發佈等內外大事，都委任李輔國處理。唐肅宗打敗安祿山，收回京城後，李輔國在銀台門主持恢復京城的事，並負責掌管禁兵，一時權傾朝野，人人都不敢小看他。上元二年（761年）八月，又加給李輔國兵部尚書一職。可是李輔國仍然不滿足，恃功向唐肅宗要官，請求做宰相。唐肅宗對李輔國這種咄咄逼人、明目張膽要官的做法非常反感，同時，對他的權力過重也有所警惕。因此，唐肅宗並不想把宰相的權力交給他。不過，李輔國對唐朝宗室有功，唐肅宗不想當面得罪他，於

是，就對李輔國說：「按照你為國家所建立的功勳，什麼不能做？可是，你在朝廷中的威望還不夠，這怎麼辦呢？」

李輔國聽了唐肅宗的話以後，就讓僕射、裴冕等人上表推薦自己。唐肅宗知道李輔國在請人上表，十分擔心，就悄悄把宰相蕭華找來說：「李輔國想做宰相，我並不打算讓他做。聽說你們想上表推薦他，真的嗎？」

蕭華沒有做聲，但心裡已經明白了，出宮以後找到裴冕，徵求他的意見。裴冕說：「當初我並沒有打算上表推薦李輔國宰相，是他自己來找我的。現在我知道了皇上的真實意圖，請皇上放心，我寧死也不會上表推薦李輔國為宰相的。」蕭華又進宮向唐肅宗奏明他們的意見，肅宗非常高興。後來，李輔國始終沒能當上宰相。

所謂「把燙手山芋丟出去」，其中燙手山芋指的就是忽然遇到的問題與困難。就如同前面故事中的年輕助理和唐肅宗一樣，他們都非常巧妙地將問題擋了出去，讓別人為自己的問題苦惱，使其處於兩難的境地，自己則享受沒有煩惱的樂趣。年輕助理是將問題引向了更困難的建築師，自己巧妙地迴避了問題；唐肅宗則是將問題推給了下屬，借他們的力量來限制李輔國。有的問題在當時就應很快反應，否則稍有停頓便會燙到自己的手。事後步步埋怨

自己沒有抓住稍縱即逝的機會作適當的反應，也沒有用了。

　　燙手山芋丟出去還要有技巧，要丟得不慍不火，小心別燙到了對方，傷了感情。這裡面就有個「分寸」的問題，既要讓對方能在面子上過得去，又要讓自己擺脫困境。高明的人不僅能使丟出去的燙手山芋不會砸到別人，還能讓別人心甘情願地替自己解決問題。

　　儘管燙手的山芋人人都不想接，但如果它不幸落到我們自己這裡的話，那最好的辦法就是將它丟出去，扔給那些有能力的人去解決。

PART.04

會說話

才會

受歡迎。

如何輕鬆的創造話題

俗話說「巧婦難為無米之炊」，沒有話題，談話就沒有焦點。光是空說話，沒有實際意思，那陌生人終究還是陌生人，對方不會對你有深刻的印象，也不會對你產生好感。

怎樣創造話題呢？那就要從具體情況出發去考慮，如果彼此完全陌生尚未相識，那就要察言觀色，以話試探，尋求共同點，抓住了共同點就抓住了可談的話題。如果對方有什麼顧慮，或是沉默的原因不明，那就沒話找話說，隨便找個話題，引起對方的興趣，說個笑話，談點趣聞都可以活躍氣氛。

從具體情況出發，年輕人可以選擇採取下面的方法：

1.從簡單問題出發，投石問路

與陌生人交談，一般都可以先提一些「投石」式的問題，在略有瞭解後再有目的地交談，便能談得較為自如。如在商業宴會上，見到陌生的鄰座，便可先「投石」詢問：「您是主人的老同學呢，還是老同事？」無論問話

的前半句對，還是後半句對，都可循著對的一方面交談下去；如果是南部同鄉，你就可與他談荔枝、龍眼、橘子、沿海的水產等，從而開始你與他的交談，也許他將來就是你事業上的合作夥伴呢！

2.就社會問題進行交談

陌生的雙方剛一接觸，個人生活的事情不宜多談，但可以對時下人所共知的社會現象、熱門問題談談看法。如果對方對這一問題還不太清楚，你可以稍作介紹。例如，近期影響較大的社會新聞、電影、電視劇和報刊文章等，都可以作為談話的題目。

3.從工作中尋找

工作和事業是人們最關注的焦點之一，如果你們從事相似或者有關聯的工作，不妨從工作上的經歷談起，相似的職業容易引起共鳴，工作中的煩惱和困惑，或者與對方分享自己的經驗和心得，都是不錯的話題。

4.關注子女教育

如果雙方都已為人父母，不妨談談子女教育。孩子是父母生活的希望，孩子的教育牽動所有家長的心。憐子、愛子、望子成龍是家長的共同心理。談及孩子，即使

是性格內向的人，也會眉飛色舞、滔滔不絕。

有的時候如果是預約式的拜訪某個陌生人，可以事先做一些瞭解。例如，問一些你們雙方都認識的朋友，打聽一下對方的情況，關於他的職業、興趣、性格之類，瞭解得越詳細越好。當你走進陌生人的住所時，可以憑藉你的觀察力，看看能否找到一些瞭解對方性格的線索。屋內的裝飾擺設，可以表現主人的喜好和情調，甚至有些物品會引出某段動人的故事。如果你把它當做一個線索，不就可以瞭解主人心靈的某個側面嗎？瞭解了對方的一些個性，不就有話題了嗎？

交談前，使用多種手段，盡可能地多瞭解對方，再把所獲得的種種細微資訊分析研究，由小見大，由微見著，作為交談的基礎。

總之，在和陌生人交往時，不妨多多尋求彼此在興趣、性格、閱歷等方面的共同之處，使雙方在越談越投機的過程中獲得更多關於對方的資訊，迅速拉近距離，增進感情。

用恰如其分的場面話讚美對方

在人的一生中，有無數讓他們引以為自豪的事情，這些都是一個個人生的亮點。這些東西又會不經意地在他們的言談中流露出來，例如，「想當年，我在戰場上……」「我年輕的時候……」，等等。對於這些引以為榮的事情，他們不僅常常掛在嘴邊，而且深深地渴望能夠得到別人由衷的肯定與讚美。抓住他人最勝過於別人的，最引以為豪的東西，用恰如其分的場面話進行讚美，往往能有著出乎意料的效果。

要做到恰如其分的讚美，我們要注意到以下幾點：

1.注意對方的年齡

每個人都有希望，年輕人寄希望於自身，老年人寄希望於子孫。年輕人自以為前途無量，你如果舉出幾點，證明他將來大有成就，他一定會十分高興，引你為知己；你如說他父親如何了不得，他未必感興趣，最多說明他是將門之子了，把他與他的父親一齊稱讚，才對他的胃口。

但是老年人則不然，他自己歷盡滄桑，幾十年的光陰，並未達到預期的目的，他對自己，不再十分相信，不

再有十分希望，他所希望的，是他的子孫。你如果說他的兒子，無論學問能力，都勝過他，真是個可造之才，雖然你是抑父揚子，當面批評他，他不但不會怪你，而且會十分感激你，口頭上雖連連表示不敢當，內心裡卻認為你是慧眼識英雄。

可見說恭維話時對於對方的年齡，應該要特別注意。

2.在讚美別人的時候一定要情真意切。

雖然人人都喜歡聽讚美的話，但並非任何讚美都能使對方高興。虛假的讚美會引起別人的反感。例如，當你見到一位其貌不揚的小姐，卻偏要對她說：「你真是美極了。」對方立刻就會認定你所說的是虛偽之至的違心之言。但如果你著眼於她的服飾、談吐、舉止，發現她這些方面的出眾之處並真誠地讚美，她就一定會高興地接受。

3.讚美別人時從具體的事件入手

在日常生活中，人們有非常顯著成績的時候並不多見，更多時候人們都是默默無聞的平凡人。因此，交往中應儘量從具體的事件入手，善於發現別人哪怕是最微小的長處，並不失時機地予以讚美。讚美用語愈詳實具體，說明你對對方愈瞭解，對他的長處和成績愈看重。讓對方感

到你的真摯、親切和可信，你們之間的人際距離就會越來越近。

如果你只是含糊其辭地讚美對方，說一些「你工作得非常出色」或者「你是一位卓越的老闆」等空泛飄浮的話語，就可能會引起對方的猜疑，甚至產生不必要的誤解和信任危機。

到別人家裡與其亂捧一場不如讚美房間佈置得別出心裁，或欣賞牆上的一幅好畫，或驚歎一個盆景的精巧。如果主人愛狗，你應該讚美他養的一隻狗；如主人養了許多金魚，你應該欣賞那些金魚。讚美別人的工作成績、最心愛的寵物、最費心血的設計，比說上許多無謂空泛的客氣話要好得多。

4.讚美要合乎時宜

讚美的效果在於見機行事、適可而止，真正做到「美酒飲到微醉後，好花看到半開時」，這樣你才能有影響力。讚美、恭維的話人人都愛聽，但「真理向前跨越一步就是謬誤」，適度的恭維，會使人心情舒暢；反之，則使人十分尷尬。為了使讚美和恭維達到應有的而不是相反的效果，合理把握讚美的「度」就成為讚美者們必須重視的問題。

讚美和恭維一定要在適合的時機說，看要看清對象

是一個什麼樣的人，如果對方是不苟言笑的人，那麼就要注意自己的措辭。

5.讚美和恭維的頻率要適中

　　這裡的頻率是指相對時期內對一個對象讚揚的次數。次數太少，起不到應有的作用；次數太多，也會削弱應有的效果。而讚揚的頻率是否適中，是以受讚揚者優良行為的進展程度為尺度的。如果被讚揚者的優良行為同讚揚的頻率成正比，則說明恭維的頻率是適度的；如果呈現反比的現象，則說明恭維的頻率過高，已經到了「濫施」的程度。

　　讚美話不是不分場合、不分輕重隨便說說的，我們在說讚美話時，一定要把握一個限度，用恰如其分的讚美話贏得對方對你的好感。

別人鬱悶時，多說些讓他寬心的話

　　許多人憂鬱煩惱，常常是因為心裡有事想不開，或為名、或為利、或為情，自己心理不能平衡，總覺得自己吃虧倒楣。因此，20幾歲的年輕人在安慰朋友時，要儘量多說些讓他寬心的話，引導他朝事情好的一面去想，慢慢走出「死胡同」，等他想開了，煩惱自然消退了。

　　有一對男女朋友小周和小琴，交往3年多，在一起看電影、約會，關係還不錯。可是，當小周把結婚的東西準備好了，想要小琴和他去登記結婚時，小琴卻突然與他中斷了戀愛關係。小周找到她家理論，又被拒之門外。他又氣又恨，在門外叫 ，用頭撞大門，要死在她家門外。這時，正好小周公司的老闆經過，就跑過來問他：「你們之間有愛情嗎？」小周被問得沉默了。老闆進一步開導說：「光在一起看看電影，逛逛馬路，吃吃喝喝，那不是愛情。真正的愛情不是用錢可以買來的。再說，『捆綁不能成夫妻』，既然人家不愛你，你何必強求呢？你今年才25歲，為一個不愛你的女孩去死，多不值得？你業務能力強，工作又上進，將來事業不可限量，只要好好幹，還愁

找不到一個好老婆？」一番話把愁眉苦臉的小周說得恍然大悟而眉開眼笑了。

小周失戀，這個既定的事實已經無法改變，想辦法破鏡重圓恐怕也是難以實現了。此種情況下，公司老闆有意把小周的視線從眼前的糟糕狀況中轉移開，引導他放眼未來，同時給他指出開創未來的兩點優勢：年輕、工作上進，強調只要充分利用這些優勢，就一定能夠找到順心的人生伴侶。這樣，小周的精神上有了寄託，精神狀態也就好轉了。此外，當朋友遭遇困境時，對他表示肯定和鼓勵也是不錯的方法。

英國浪漫主義時期的大文豪斯科特，著作豐碩質精，不僅對英國小說史有劃時代的影響，對當時的俄國、法國、美國文壇也激發出了新的動力。

可是，這樣一個大文豪小時候並不優秀。身患小兒麻痹症的他，右腳行動不便，身體屡弱，幾次重病差點喪命，本來就有些自卑，加上成績不如人，便成了「學校怪胎」，言行常常不禮貌，愛缺課，學期末的評語總是很糟。只有一位老師知道，他雖然厭惡功課，對讀書卻充滿興趣，這位老師不停地給予他鼓勵，而這也正是他的人生轉捩點。

成名後的斯科特曾回小學的母校參觀，感觸良多地問學校老師：「現在學校成績最差的孩子是誰？」然後，他學習當年看重他的那位貼心老師，告訴那位被稱為最差紅著臉的小朋友說：「你是個好孩子，我當年也跟你一樣，成績很差，不要灰心。」說完，他並從口袋掏出一枚金幣送給這個孩子。

　　「一句話改變一個人的一生」，這句話在那個小朋友的身上應驗了，他最終從愛丁堡大學畢業，成了優秀的執業律師。

　　到底是什麼讓學習成績最差的學生成了一名優秀的律師，讓一個問題學生成為一個大文豪？那就是一份希望，別人給他的一份希望。這也就是鼓勵的藝術。

　　有人說，鼓勵的藝術最高的境界會帶給人新的希望。當一個人心情落到谷底時，只要有人對他說「你一定可以渡過難關的」，或者說一句「我相信你可以做得到」，或者說「大家與你同在，會幫助你的」，都能給予人堅持下去的勇氣和力量。

　　當你安慰別人時，可以給他一個希望的目標，在這份希望的指引下，他就可以很快走出失意，重新面對新生活。

站在對方的立場上考慮和說話

　　當我們和別人商談什麼事情時，我們習慣將自己的想法和意見強加給別人，而沒有站在對方的立場仔細想想，這種說話方式其實是有礙溝通的。

　　在與對方溝通時，站在對方立場上，才能讓別人聽著順耳，覺得舒服。站在對方立場上，設身處地地想，設身處地地說。如此，不僅能使他人快樂，也能使自己快樂。站在對方的立場考慮問題，你會發現，你跟他有了共同語言，他所思所想、所喜所惡，都變得可以理解甚至顯得可愛。在各種交往中，你都可以從容應對，要麼伸出理解的援手，要麼防範對方的惡招。許多年輕人不懂得如何站在對方立場上思考和說話，這是導致很多事情做不成功的一大原因。

　　站在他人的立場上說話，能給他人一種為他著想的感覺，這種投其所好的技巧常常具有極強的說服力。要做到這一點，「知己知彼」十分重要，唯先知彼，而後方能從對方立場上考慮問題。成功的人際交往語言，有賴於發現對方的真實需要，並且在實現自我目標的同時給對方指出一條可行的路徑。

某精密機械工廠生產某項新產品，將其部分部件委託另外一家小型工廠製造，當該小型工廠將零件的半成品呈示總廠時，不料全不合該廠要求。由於迫在眉睫，總廠負責人只得令其儘快重新製造，但小廠負責人認為他是完全按總廠的規格製造的，不想再重新製造，雙方僵持了許久。

　　總廠廠長見了這種局面，在問明原委後，便對小廠負責人說：「我想這件事完全是由於公司方面設計不周所致，而且還令你吃了虧，實在抱歉。今天幸好是由於你們幫忙，才讓我們發現竟然有這樣的缺點。只是事到如今，事情總是要完成的，你們不妨將它製造得更完美一點，這樣對你我雙方都是有好處的。」那位小廠負責人聽完，欣然應允。

　　總廠廠長正在站在對方的立場上說話，從對方的角度出發，先承認了總廠的失誤，然後又點明事情完成對彼此都有好處，最終消除了彼此的矛盾，讓工作順利進行。

　　也許你會質疑：「站在對方的立場上說來容易，實際要做的時候卻很難。」沒錯，站在對方立場來說話確實不容易，卻不是不可能。許多口才不錯的年輕人都能做到這一點。

真正會說話的人，善於努力地從他人的角度來設想，並且樂此不疲。然而，他們也並非一開始就能做得很好，而是從一次次的說服過程中吸收經驗、汲取教訓，不斷培養自己養成這種習慣，最後才達到這樣的境界。因此，只要你願意，這並不是件太大的難事。

一個人最大的痛苦之一就是沒人理解，如果我們能站在他的立場上說話，那對於他來說是一種莫大的幸福，而且對於我們辦事和提高自己受歡迎的程度，也會有著很大的作用。

言語失誤時，智慧補救

言語失誤是生活、交往、工作中常面臨的一種困境，此時，我們雖然可以選擇保持沉默，但這不是最好的方式，而應該智慧補救、擺脫困境。

具體來說，在與人交往中遇到言語失誤的時候，有以下幾個方法可供參考：

1‧顧左右而言他

某校某班在一次高考中，數學和外語成績突出，名列前茅。校長在朝會上這樣說：「數學考得好，是老師教得好；外語考得好，是學生基礎好。」

在座群眾聽罷沸沸揚揚，都認為校長的說法顯得有失公正。一位李姓教師起身反駁道：「同一個班，師生條件基本相同。相同的條件產生了相同的結果，原是很自然的事。不公平的對待，實在令人費解。原有的基礎與以後的進步有相互聯繫，不能設想學生某一學科基礎差而能進步得快，也不能設想學生某一學科基礎好而不需要良好的教學就能提升。校長對待教師的勞動不一視同仁，將不利於團結，不能改變廣大教師的積極性。」

會場上有人輕輕鼓掌，然後是一陣靜默。

校長沒有惱怒，反而「嘿嘿」地笑起來。他說：「李老師能言善辯，真是好口才。看來，我們老師的素質都很高嘛。」

儘管別人猜不透校長說這話的真實意思，然而卻不得不佩服他的應變能力：他為自己鋪了臺階，而且下得又快又好。

既要撤退，就不宜進行任何辯解，辯解無異於作繭自縛，結果使自己無法脫身。

2．巧妙轉換話題

錯話一經出口，在簡單的致歉之後應立即轉換話題，以幽默風趣、機智靈活的話語改變現場的氣氛，使聽者隨之進入新的情境中。

有一個剛畢業的大學生去某公司求職，一位負責接待的先生遞過來名片。大學生神情緊張，匆匆看了一眼，脫口說道：「滕野先生，您身為日本人，拋家別舍來華創業，令人佩服。」那人微微一笑道：「我姓滕，名野丹，道地的中國人。」大學生面紅耳赤，無地自容。片刻後，他誠懇地說道：「對不起。您的名字使我想起魯迅先生

的日本老師——藤野先生，他教給魯迅許多為人治學的道理，讓魯迅受益終生。希望滕先生日後也能時常指教我。」滕先生面帶驚喜，點頭微笑，最終錄用了他。

這位大學生巧妙地轉移了話題，不僅一掃自己的口誤，還讓接待的人對他印象深刻。

3‧將錯就錯

為了使錯話能夠及時得以補救，創造良好的人際關係和心境，最要緊的是掌握必要的糾錯方法。

將錯就錯是一個很好的辦法。這種辦法就是在錯話出口之後，能巧妙地將錯話續接下去，最後達到糾錯的目的。其高妙之處在於，能夠不動聲色地改變說話的情境，使聽者不由自主地轉移原先的思路，不自覺地順著言者之思維而思維，隨著言者之話語而改變情感。

某次婚宴上，來賓濟濟，爭著向新人祝福。一位先生激動地說道：「走過了戀愛的季節，就步入了婚姻的漫漫旅途。感情的世界時常需要潤滑。你們現在就好比是一對舊機器……」其實他本想說「新機器」，卻脫口說錯，舉座譁然。這一對新人更是不滿之情溢於言表，因為他們都是離異後結合在一起的，自然以為剛才之語隱含譏諷。

那位先生的本意是要將一對新人比做新機器，希望他們能少些摩擦，多些諒解。但話既出口，若再糾正過來，反為不美。他馬上鎮定下來，不慌不忙地補充一句：「已過磨合期。」此言一出，舉座稱妙。這位先生繼而又深情地說道：「新郎新娘，祝願你們永遠沐浴在愛的春風裡。」大廳內掌聲雷動，一對新人早已笑得面若桃花。

　　這位來賓的將錯就錯令人叫絕。錯話出口，索性順著錯處續接下去，反倒巧妙地改換了語境，使原本尷尬的失語化作了深情的祝福，同時又道出了新人之間情感歷程的曲折與相知的深厚。

　　巧妙地運用語言，會彌補言行失誤造成的損失。其實這種話並不難說，只要你鎮定自若，一定能找到化解的辦法。

20幾歲，
Twenty Something, All at Once
一次到位

委婉表達你的不滿

在公眾活動中，年輕人經常可能遇到讓人尷尬而不滿的情景。在這種情景下，生硬地表達自己的不滿不是一種好方法，應該淡化感情色彩。

幽默，正是淡化這種感情色彩很好的工具。

當一個人要表達內心的不滿時，如果能使用幽默的語言，別人聽起來會順耳一些；當一個人和他人關係緊張時，即使在一觸即發的關鍵時刻，幽默也可以使彼此從容地擺脫不愉快的窘境或緩解衝突矛盾。一般說來，表達不滿的幽默方式有以下幾種：

● 引人就範

一次，著名的德國作曲家勃拉姆斯參加一個晚會。在晚會上他遭到一群厚臉皮的女人的包圍，他一邊禮貌地應付，一邊想著解脫的辦法，忽然他心生一計，點燃了一支粗大的雪茄。

很快，有幾個女人忍不住咳嗽起來，勃拉姆斯照樣泰然地抽他的雪茄。

終於有人忍不住了，對勃拉姆斯說：「先生，你不該在女人面前抽煙！」

「不，我想有天使的地方不該沒有祥雲！」勃拉姆斯微笑著回答。

勃拉姆斯用幽默的語言，婉轉地表達了自己的不滿，使自己從無奈的糾纏中解脫了出來。

●以退為進

齊國晏子出使楚國，因身材矮小，被楚王嘲諷：「難道齊國沒有人了嗎？」

晏子說：「齊國首都大街上的行人，一舉袖子能把太陽遮住，流的汗像下雨一樣，人們摩肩接踵，怎麼會沒有人呢？」

楚王繼續說道：「既然人這麼多，怎麼派你這樣的人出使呢？」

晏子回答說：「我們齊王派最有本領的人到最賢明的國君那裡，最沒出息的人到最差的國君那裡。我是齊國最沒出息的人，因此被派到楚國來了。」

幾句話說得楚王面紅耳赤，自覺沒趣。晏子的答話

就是採用以退為進之法，貌似貶自己說自己最沒出息，所以才被派出使楚國，這是「退」，實則譏諷楚王的無能，這是「進」，以退為進，綿裡藏針，使楚王侮辱晏子不成，反受奚落。

● 聲東擊西

一次，英國戲劇家蕭伯納的脊椎骨有病，去醫院檢查。醫生對蕭伯納說：「有一個辦法，從你身上其他部位取下一塊骨頭來代替那塊壞了的脊椎骨。這手術很困難，我們從來沒有做過。」醫生的本意，這次手術所要收取的費用非同一般。

蕭伯納並沒有與醫生爭論，也沒有表示不滿、失望，只是幽默地淡淡一笑，說：「好呀！不過請告訴我，你們打算付給我多少手術試驗費？」

一個很棘手的問題，被蕭伯納處理得極其巧妙。他並沒有從正面回答，而是從側面幽默地解圍，從而避免了不愉快的爭執。

● 用幽默回擊

蔡琳在一家公司作設計員，她起草的一份資料因時間很久了，以為上司不再需要，就沒有保存。豈知某天上司突然向她索要，她一時也記不起資料的去處，便托詞「放在家裡了」，想隨後抽時間再重新做一份以應急。

同室的張敏因嫉妒蔡琳比自己優秀，正愁沒地方發洩，當她知道了這一祕密後，便忙向上司檢舉，惹得上司批評蔡琳：「丟失了資料怎麼還隱瞞呢？」蔡琳比較冷靜而坦率地向上司承認了自己的過失。

下班後，蔡琳明知張敏告密卻未向她興師問罪，反而風趣地說：「看來，我尋找資料的速度，到底趕不上老總的兩隻耳朵快啊。」

蔡琳借說「老總的耳朵」來暗中譏刺張敏，既表達了自己的不滿，也暗示了自己知道是誰告的密，給了對方一個小小的警告。

總之，當我們在社交場合碰到別人的不恭言行，不能發作，但憋在心裡也不好受時，把表示不滿的語言的感情色彩淡化一下，讓對方知道你不高興，又不至於破壞友好的氣氛，是個不錯的方式。

巧妙地把「不」說出口

在社交活動中，年輕人對於一些自己不同意、不贊成、不支持的事要勇於拒絕，敢於說「不」。當然並不是直接拒絕，否則會讓對方很尷尬，這時應該採取一些語言技巧，巧妙地把「不」說出口。

首先，可以透過語言或者身體動作的暗示表達你的拒絕。

美國出版家赫斯托在三藩市辦第一張報紙時，著名漫畫大師納斯特為該報創作了一幅漫畫，內容是喚起公眾來迫使電車公司在電車前面裝上保險欄杆，防止意外傷人。然而，納斯特的這幅漫畫完全是失敗之作。發表這幅漫畫，有損報紙品質。但不刊這幅漫畫，怎麼向納斯特開口呢？

當天晚上，赫斯托邀請納斯特共進晚餐，先對這幅漫畫大加讚賞，然後一邊喝酒，一邊嘮叨不休地自言自語：「唉，這裡的電車已經傷了好多孩子，多可憐的孩子，這些電車，這些司機簡直不像話……這些司機真像魔鬼，瞪著大眼睛，專門搜索著在街上玩的孩子，一見到孩

子們就不顧一切地衝上去⋯⋯」聽到這裡，納斯特從坐椅上彈跳起來，大聲喊道：「我的上帝，赫斯托先生，這才是一幅出色的漫畫！我原來寄給你的那幅漫畫，請扔入紙簍。」

赫斯托就是透過自言自語的方式，暗示納斯特的漫畫不能發表，讓納斯特欣然地接受了意見。

另外，透過身體動作也可以把自己拒絕的意圖傳遞給對方。當一個人想拒絕對方繼續交談時，可以轉動脖子、用手帕拭眼睛、按太陽穴以及按眉毛下部等，這些漫不經心的小動作意味著一種信號：我較為疲勞、身體不適，希望早一點停止談話。此外，微笑的中斷、較長時間的沉默、目光旁視等也可表示對談話不感興趣、內心為難等。

其次，可以透過詼諧語言，愉快地拒絕對方。

有時候把拒絕的話用幽默的方式表達出來，不僅能有著拒絕的目的，還能讓別人很愉快地接受。

一位演技很好、姿色出眾但學歷不高的女演員，對蕭伯納的才華早就敬而仰之。她平時生活在眾星拱月的環境中，多少有一些高傲神氣，總以為自己應該嫁給天下最優秀的男人。某次宴會中，她和蕭伯納相遇了，她自信十

足，以最迷人的音調向蕭伯納說：「如果以我的美貌，加上你的天才，生下一個孩子，一定是人類最最優秀的了！」

蕭伯納微微一笑，不疾不徐地回答：「對極了。但是如果這孩子長成了我的樣貌和你的才能，那將是怎樣呢？」這位美女演員愣了一下子，終於明白了蕭伯納的拒絕之意。她失望地離開了，但一點也不恨蕭伯納，反而成了他忠實的好朋友。

蕭伯納透過用假設的方法，虛擬出一個可能的結果，從而產生一個幽默的後果，而這個後果正好是對方拒絕的理由。這樣，不僅不至於引起不快，還可能給對方以一定啟發。

再次，表示拒絕時，要顧及對方尊嚴。

某校在評定職稱時，由於高級職稱的名額有限，一位年齡較大的教師未能評上。他聽說了這一消息後就向一位負責職稱評定的校長打聽情況。校長考慮到工作遲早要做，便和這位老教師促膝交談：

校長：喲，老李，什麼風把你給吹來了。

老師：校長，我想知道這次評等職稱我有希望嗎？

校長：老李，先喝杯茶。我們慢慢聊，最近身體怎

麼樣？

老師：身體還說得過去。

校長：老教師可是我們學校的寶貴財富，年輕教師還要靠你們幫忙帶呢！

老師：作為一名老教師，我會盡力的。可是這次評定職稱，你看我能否⋯⋯

校長：不管這次評上評不上，我們都要依靠像你這樣的老教師。你經驗豐富，教學也比較得法，學生反映也挺好。我想，對於一名教師來說，這一點，比什麼都重要，你說呢？

老師：是啊！

校長：這次評職稱是第一次進行，歷史遺留的問題較多，可是僧多粥少，有些教師這次暫時還很難如願，要等到下一次。這只是個時間問題。相信大家一定能夠諒解。但不管怎樣，我們會尊重並公正地評價每一位教師，尤其是你們這些辛辛苦苦工作幾十年的老教師。

老教師在告辭時，心裡感覺熱乎乎的，他知道自己這次評上高級職稱的希望不大，但由於自身得到了別人的尊重，成績受到了別人的肯定，他能接受那樣的結果。用他對校長的話：「只要能得到一個公正的評價，即使評不上我也不會有情緒的，請放心。」

在社交場合，無論舉止或是言語都應尊重他人，即使在拒絕別人的時候也要顧及對方的尊嚴。也只有這樣，才能贏得別人的尊重。

把批評迂迴地說出口

人無完人，在這個世界上，沒有人不會犯錯誤。在錯誤面前，年輕人可能會忍不住怒目圓睜。但狂風暴雨過後，你可能會沮喪地發現，你的「善意」並沒有被對方所接受，甚至，換來的結果可能與預想的結果截然相反。

那麼，我們應該如何把批評說出口，既不傷害對方又能讓對方接受自己的批評呢？

●巧妙暗示

法國飛行先鋒和作家安托安娜·德·聖蘇荷依寫過：「我沒有權利去做或說任何事以貶抑一個人的自尊。重要的並不是我覺得他怎麼樣，而是他覺得他自己如何。傷害他人的自尊是一種罪行。」

巧妙暗示的方法，使人們易於改正他的錯誤，又維持了人們的自尊，使他自以為很重要，使他希望和你合作把事情辦好，而不是反抗或抵觸。

英國一家大超市的經理伊爾奇每天都到他的連鎖店去巡視一遍。有一次他看見一名顧客站在台前等待，沒有

一人對他稍加注意。那些售貨員呢？他們在櫃檯遠處的另一頭擠成一堆，彼此又說又笑。身為經理的他當然對這一情況很不滿意，一定要糾正這種不負責任的行為。但伊爾奇並沒有直接地指責那些在上班時間閒談的售貨員，他採取了巧妙暗示、保全員工面子的方法處理了這件事。他不說一句話，默默站在櫃檯後面，親自招呼那位女顧客，然後把貨品交給售貨員包裝，接著他就走開了。售貨員當然看到了這個情況，自責的她們從此以後再也沒有發生類似情況。

伊爾奇沒有直接指責員工的不負責，而是親自去為顧客服務，讓員工自己意識到自己的失職，間接地糾正了員工的錯誤。有些人面對直接的批評會非常憤怒，這時，就要間接地讓他們去面對自己的錯誤，往往會產生非常神奇的效果。

●裹上「糖衣」批評他人

批評別人，直話直說容易激起別人的憤恨，而且他們往往不會被你的直言直語所打動。

小孩子吃藥片時，加點糖水一起送入口中，他們便會樂意服用。批評別人亦是同理，你若能給自己的語言裹上一層「糖衣」，別人將會在享受你的甜蜜的過程中，更

容易改過。

亨利·漢克，是印第安那州洛威市一家卡車經銷商的服務經理，他公司有一個工人，工作每況愈下。但亨利·漢克沒有對他吼叫或威脅他，而是把他叫到辦公室裡來，跟他進行了坦誠的交談。

他說：「希爾，你是個很棒的技工。你在這裡工作也有好幾年了，你修的車子也都很令顧客滿意。有很多人都讚美你的技術好。可是最近，你完成一件工作所需的時間卻加長了，而且你的品質也比不上你以前的水準。也許我們可以一起來想個辦法解決這個問題。」

希爾回答說他並不知道他沒有盡到職責，並且向他的上司保證，他以後一定改進。

他做了嗎？他肯定做了。他曾經是一個優秀的技工，他怎麼會做些不及過去的事呢？當你給對方一個美名，他會自覺地檢討自己的行為，是否符合這個美名，從而加以改進，不但不會令對方難堪，反而讓他樂意做出改變。

●批評他人前先批評自己

人人都有自尊心，被批評的人常常因為自尊而不願

承認錯誤，甚至引起口角，即使內心知道自己錯了，嘴上也絕不承認，反而狡辯反擊，這樣的批評不但起不到應有的效果，反而使人際關係惡化，還有可能因口角而傷害自己。如果在批評他人之前先談一談自己從前做過的類似錯事，不僅可以讓對方認識到問題的嚴重性，而且營造出心胸開闊、坦誠相見的良好批評氛圍，從而使對方更容易接受。

有個叫約瑟芬的食品店店員，在一次運貨時因馬虎而使食品店損失了兩箱果醬。為此，老闆對他進行了如下一番批評：「約瑟芬，你犯了個錯。但上帝知道，我犯的許多錯誤比你還糟。你不可能天生就萬事精通，那只有在實際的經驗中才能獲得。而且，你在這方面比我強多了，我還曾做出那麼多愚蠢的事，所以，我不願批評任何人，但你難道不認為，如果你換一種做法的話，事情會更好一點嗎？」約瑟芬愉快地接受了老闆的批評，從此做事認真多了。

作為長輩或上級，把自己曾經的過錯暴露在晚輩或下屬面前，目的不在於做自己檢討，而在於以自己的感悟來教育對方。上述例子裡老闆這種借己說人的方法，讓我們看到了融自我批評於批評中的魅力與力量。

顧及對方的面子，用迂迴的方法把批評說出口，會讓你
與他人建立起和諧的人際關係，提高你受歡迎的程度。

巧妙化解語言衝突

人際交往中，總會有一些意見不合的情況發生，這時經常會出現語言上的衝突。衝突的表現形式是多種多樣的，比如說反問、責問、嘲罵、謾罵等，有時候還會表現在一些體態語中，比如說皺眉頭、不屑一顧等。

人際交往中的語言衝突很容易造成一些尷尬的局面，甚至產生不可預想的後果。20幾歲的年輕人要懂得巧妙地化解語言衝突，這樣才能在與人交往的過程中佔據優勢，避免不必要的損失。

化解語言衝突，主要有以下三種方法：

1．暫時迴避

當你受到了別人的誤解或者錯誤的評價時，不要衝動地與其爭辯，最好先讓自己冷靜下來，想辦法解除你的煩惱，直到恢復好心情為止。

有一天，亨利先生出外散步，偶然聽見他的下屬傑克正在對人埋怨他們公司的待遇太苛刻，而他的工作時間是那樣長，上司又不肯提拔他。言辭激烈，亨利先生聽得

怒火上升，幾乎想立刻走過去叫他滾蛋。但是剎那間他打消了自己的念頭，他轉身回到辦公室冷靜地進行了一番思考。第二天，他問傑克：「傑克，近來你可是受了什麼委屈嗎？」

傑克看見上司突然問自己這句話，一時不知所措，忙說：「沒有什麼，先生，我覺得很好！」

「昨天你不是在說你的工作太多，公司待你不好嗎？」亨利先生仍很和悅地說。

聽完亨利先生的話，傑克承認了自己的失言，並且說他感覺不快的最大問題，是由於昨天黃昏時，在泥地中換了一個汽車輪胎。問題就這樣很容易地解決了。

例子裡的亨利先生在聽到下屬傑克的怨言時，沒有當初就衝出去，而是採取了暫時迴避的方法，避免了一場語言衝突。

2‧一笑了之

古希臘哲學家蘇格拉底的妻子是個有名的悍婦，經常對蘇格拉底破口大罵，有時甚至做出一些常人無法接受的事情。有一次妻子大發雷霆，當頭潑了蘇格拉底一盆髒水。蘇格拉底沒有生氣，還詼諧地說：「雷鳴之後免不了

一場大雨。」別人嘲笑他說：「你不是最有智慧的哲學家嗎？怎麼連老婆都挑不好？」他回答：「善於馴馬的人寧肯挑選悍馬、烈馬作為自己的訓練對象，若能控制悍馬、烈馬，其他的馬也就不在話下了。你們想，如果我能忍受她，還有什麼人不能忍受的呢？」

對待那些生活中無傷大雅、爭論起來也無甚意義的衝撞，不妨像蘇格拉底這樣詼諧對待，一笑了之。

3．先聲奪人

在你洞明對方故意耍弄手腕，欲尋釁衝撞時，就可抓住要害，先發制人，開門見山，旗幟鮮明地亮出自己的觀點。這等於給對方以「當頭棒喝」，給他一個下馬威，制服對方，從而避免衝撞。

特別需要提醒的是，避免言語衝撞不能靠謾罵、翻白眼、鬥毆等消極的方式，否則，不但不能避免衝撞，反而會使衝撞加劇，使勢態更惡劣化。

雙方相爭，必有一傷，也可能兩敗俱傷，所以在與人交往的過程中，20幾歲的年輕人必須學會化解語言衝突的分寸，以免讓情形不可收拾。

給人機會，別嘮嘮叨叨

有些年輕人在生活中常易犯一個毛病：一旦他們打開話匣，就難以止住。其實，這種人得不償失，因為他們自己話說得多了，既費精力，給他人傳遞的資訊又太多，也還有可能傷害他人；另外，他們無法從他人身上吸取更多的東西，當然問題不在於別人太吝嗇，而是他不給別人機會。

與人交談時要竭力忘記自己，不要老是沒完沒了地談個人生活、自己的生活、自己的事業。你要在交談中給對方發表意見的機會，可以儘量去逗引別人說他自己的事情，同時，你以充滿同情和熱誠的心去聽他的敘述，一定會讓對方高興，給對方留下最佳的印象。

如果有幾個朋友聚在一起談話，當中只有一個人口若懸河，其他人只是呆呆聽著，這就成為他的演講會了，讓在場的其他人感到無可奈何和憤怒。每一個人都有著自己的發表欲。小學生對老師提出的問題，爭先恐後地舉起手來，希望教師讓自己回答，即使他對於這個問題還不是徹底地瞭解，只是一知半解地懂了一些皮毛，還是要舉起手來的，也不在乎回答錯誤要被同學們恥笑，這就說明人

的表現欲是天生的，因為小學生遠不如成年人有那麼多顧慮。成人們聽著人家在講述某一事件時，雖然他們並不像小學生那樣爭先恐後地舉起手來，然而他的喉頭老是癢癢的，恨不得對方趕緊講完了好讓他講。

例如在求職就業中，大多數人常犯的最大錯誤就是高談闊論，普遍缺少傾聽的耐心，很可能因此失去工作的機會。

有一公司的經理到某大學去徵才職員，他對二十多名大學生進行了反覆核查，從中挑選出了三名大學生進行最後的面試。其中有兩名大學生在經理面前，誇誇其談，提出一大堆的建議和設想。而另一名學生則與他們相反，在面試時，一直耐心傾聽經理的見解和要求，很少插嘴，只有當經理詢問時，他才回答，而且很簡練，在面試結束時，他委婉地說道：「我很重視您的要求，也非常贊同您的見解。如果我能被錄用的話，還望您今後多多指導。」三天後，這位善於傾聽的大學生接到了錄用通知，而那兩位誇誇其談者則被淘汰了。

上述例子則說明了別嘮嘮叨叨的重要性。

阻遏別人的發表欲，人家一定對你不高興，你在此情況下很難得到別人的認同，為什麼要做這樣的傻事呢？

你不但應該讓別人有發表意見的機會，還得設法引起別人說話的欲望，使人家感覺到你是一位使人歡喜的朋友，這對一個人的好處是非常之大的。

著名記者麥克遜說：「不肯留神去聽人家說話，這是不能受人歡迎的原因的一種。一般的人，他們只注重於自己應該怎樣地說下去，絕不管人家要怎樣地說。須知世界上多半是歡迎專聽人說話的人，很少歡迎專說自己話的人。」

俗話說「三思而行」更要「三思而言」，沒有經過自己大腦思考的話，不但是廢話，而且往往會招徠不必要的麻煩和災禍。所以深諳說話之道的人不是在胸膛上「開視窗」，而是在嘴巴上「裝閥門」。說話快思考慢的人多是愚蠢的，因為他們總是說了又後悔；思考快說話慢的人多是智慧的，因為他們總是非常檢點自己的語言表達。說話是為了正確地表達自己的思想和意見，而不是為了自己光圖個嘴巴痛快，亂去發洩自己的情緒。有些人總是批評別人沒有大腦，總是愛隨便說話，但是卻很少檢查自己有沒有大腦，有沒有亂說話的時候。一個人的腦袋必須學會思考，一個人的嘴巴必須知道適時關閉。

在與人交談的過程中，與其自己嘮嘮叨叨地多說廢話，還不如爽爽快快，讓別人去說話，反而會得到意想不到的成

20幾歲，
Twenty Something, All at Once
一次到位

功。如果能夠給別人說話的機會，你就給人留下了一個好印象，以後，別人就會更願意與你交談了。

說話要注意時機

孔子在《論語・季氏》裡說：「言未及之而言謂之躁，言及之而不言謂之隱，不見顏色而言謂之瞽。」這句話有兩層意思：

一是不該說話的時候說了，叫做急躁；二是應該說話的時候卻不說，叫做隱瞞；三是不看對方的臉色變化，貿然信口開河，叫做閉著眼睛說瞎話。

這三種毛病都是沒有把握說話的時機，沒有注意說話的策略和技巧。

說話是雙方的交流，不是一個人的單方面行為，它要受到各方面條件的制約，如說話對象、周邊環境、說話時間等等，所以年輕人在說話時要學會把握時機。如果該說的時候不說，時境轉瞬即逝，便失去了成功的機會。同樣的，如不顧說話對象的心態，不注意周邊的環境氣氛，不到說話的火候卻急於搶著說，很可能引起對方的誤解。

如果信口開河，亂說一通，後果就更加嚴重。所以說話時機掌握好了是相當重要的。

沒有掌握最恰當的時機說話，不論話的內容有多麼精彩，也不會有任何意義，他人也不會接受你的意思。這

就猶如一個有著強健體的體魄、良好的技藝的棒球運動員，沒有掌握好擊球的瞬間，結果揮棒都只是落空。

某學校為兩位退休老教師舉行歡送會。會上，老闆非常得體地讚揚了兩位的工作和為人。但是，兩相比較之下，其中那位多次獲得過「優良教師」的老教師得到了更多的美譽。這讓另外那位老教師感到相當難過，所以在他講完感謝的話以後，又接著說：「說到優良教師，我這輩子最遺憾的是，我到現在為止一次都沒有得過……」這時，另外一位平日裡與他不合的青年教師突然開口說：「不，不是你不配當優良教師，是因為我們不好，我們都沒有提你的名。」

一時間，原本會場上溫馨感動的氣氛被尷尬所取代。老闆看氣氛不對，馬上接過話說：「其實，優良教師只是一個名義罷了，得沒得過優良教師並不重要，沒有評過優良教師，並不代表你不夠優良，我們最重要的還是要看事實……」這位老闆本來是想要緩和一下氣氛，但是反而使局面更糟糕。

其實，會場的氣氛之所以會如此尷尬，最主要的還是退休老教師、青年教師，以及老闆他們三人沒有掌握好說話的時機。就算自己心裡面有多少遺憾，這位退休老教

師也不應該在歡送會這樣的場合上講出來。對於那位青年教師，也不應該在這樣的場合上為了圖一時之快，說一些刻薄的、不近人情的話。場合出現尷尬的時候，老闆也應該及力避開這個敏感話題，而不是繼續在這個話題了嘮叨不休。

所以，說話要注意時機，把握說話時機非常重要。這個過程，我們要在不同的時間、地點、人物面前說合適的話，該說話時才說話，而且要說得體的話。只要我們有充分的耐心，積極進行準備，等待條件成熟，順理成章地表達自己的觀點，不僅能贏得對方的開心，又能令自己舒心。

具體來說，我們可以遵循以下原則：

1.要看準時機再說話，要有耐心，積極準備，時機到了，才能把該說的話說出來。

2.沉默是金，並不是說要一味沉默不語，該說話的時候就不要故作深沉。比如，老闆遇到尷尬情況了，就需要你站出來為老闆打圓場；同事有衝突了，需要你開口化干戈為玉帛。

3.別人在說話的時候，不要隨意插嘴打斷人家的話。

4.看準時機，說不同的話。這些話都要與當時的場

合、時間、人物相吻合。

　5. 該說話的時候要說話，因為有時候機會轉瞬即逝，錯過這個說話的時機，也許以後就不會再有機會了。

　　學會把握好說話的時機，不僅能讓他人聽著舒適、寬心，也會為自己贏得良好的人緣。

打好圓場，留足他人的面子

人與人之間有時難免產生隔閡或交際阻礙，這時就需要故意設置一個「第三者」或「和事佬」，即消除阻礙的仲介。

充當這個角色的，是一些機智和超出常人口才的人。有時候，雙方陷入僵局，顧及臉面，誰也不願做個姿態，給對方一個臺階。這時「和事佬」就大有用武之地。「和事佬」最高超的功夫，就是打圓場。

所謂「打圓場」，是指交際雙方爭吵或處於尷尬境地時，由「和事佬」出面站在第三者角度進行調解。

有個理髮師傅帶了個徒弟。這天，徒弟給第一位顧客理完髮後，顧客照照鏡子說：「頭髮留得太長了。」師傅就在一旁笑著圓場道：「頭髮長使您顯得含蓄，這叫藏而不露，很符合您的身份。」顧客聽罷，高興而去。

徒弟給第二位顧客理完髮，顧客照照鏡子說：「頭髮剪得太短了。」師傅笑著圓場道：「頭髮短使您顯得精神、樸實、厚道，讓人感到親切。」顧客聽了，欣喜而去。

徒弟給第三位顧客理完髮，顧客邊交錢邊嘟囔：「剪個頭花這麼長的時間。」師傅馬上笑著圓場道：「為『首腦』多花點時間很有必要。您沒聽說：進門蒼頭秀士，出門白面書生！」顧客聽罷，笑笑而去。

　　徒弟給第四位顧客理完髮，顧客邊付款邊埋怨：「這麼快就剪好了啊。」師傅馬上笑著圓場道：「如今，時間就是金錢，『頂上功夫』速戰速決，為您贏得了時間，您何樂而不為？」顧客聽了，歡笑告辭。

　　在這個過程中，作為師傅的，不斷為自己徒弟找圓場，無論是徒弟頭髮剪長剪短，時間花長花短，都有很好的方式去讓顧客接受，這就是師傅的口才。很多時候並沒什麼大事，一兩句圓場的話就能平息，但如果處理不好，就會比較尷尬，甚至給別人留下不好印象。

　　凡事都有訣竅，打圓場也有打圓場的學問。歸納起來，打圓場的學問主要有以下幾點：

1‧說明實情，引導自省

　　當雙方為某件小事爭論不休，各執一詞，互不相讓時，「和事佬」無論對哪一方進行褒貶，都猶如火上澆油，甚至會引火焚身，不利於爭端的平息。因此，「和事佬」此時只能比較客觀地將事情的真相說清楚，而不加任

何評論，讓雙方消除誤會，從事實中認識到自己的缺點或錯誤，引導他們各自作自我批評，使衝突矛盾得到解決，達到團結的目的。

2．岔開話題，轉移注意力

如果是非原則性的爭論，雙方各執己見，而這場爭論又沒有必要繼續下去，那麼作為「和事佬」又該如何打圓場呢？如果力陳己見，理論一番，恐怕不會奏效。這時，不妨岔開話題，轉移爭論雙方的注意力。

3．歸納精華，公正評價

假如爭論的問題有較大的異議而雙方又都有偏頗，眼看觀點越來越接近，但出於自尊心，雙方都不肯服輸，那麼「和事佬」應考慮雙方的面子，將雙方見解的精華歸納起來，也將雙方的糟粕整理出來，作出公正的評論，闡述較為全面的雙方都能接受的意見。這樣，就把爭論引導到理論的探討、觀點的統一上來了。但不能「各打五十大板」。因為，所謂「各打五十大板」是不分青紅皂白的，那樣亂批一氣不利於解決問題，是不可取的。

4．調虎離山，暫息戰火

有的爭論，發展下去就成了爭吵，甚至大動干戈，

如果雙方火氣正旺，大有劍拔弩張、一觸即發之勢，「和事佬」即可當機立斷，藉口有什麼急事（如有人找，或有急電）把其中一人支開，讓他們暫時分開，等他們火氣消了，頭腦冷靜下來，爭端也就消除了。

打圓場的方法還有很多，關鍵在於隨機應變和臨場發揮的能力。同時，打圓場，互不得罪是一條重要原則，只有站在公平、公正的立場上才能得人心。

巧妙道歉，獲得原諒

道歉的語言技巧很多，會道歉的人不但能使自己獲得對方的諒解，而且可以保全自己的面子。但是，如果致歉的方式不妥或者表達不當的話，不但會使自己顏面掃地，而且會使對方更憤怒。因而，這種發自內心的愧疚並不是「對不起」這三個字就能完全表達的，它還需要針對不同的情況，運用不同的技巧。

1.幽默地道歉

在某些場合，由於不小心的失誤或言語不當，常常會給對方造成尷尬的情況，在這時，如能採用風趣幽默的方式進行道歉，則可以使別人感受到這份歉意，從而可以諒解你，從下面的例子便可以看出這點。

有一次，費新我先生在家中對客揮毫，寫孟浩然的《過故人莊》，當寫到「開軒面場圃，把酒話桑麻」一句，不留神漏掉了一個「話」字，旁觀者竊竊私語，皆有惋惜之情，費老這天喝了一點酒，而酒後容易失話（言），於是費老拍拍腦袋連聲說：「酒後失話，酒後失

話！」並在詩尾用小字補寫了這四個字，以示闕如。費老的一句話情趣盎然，使氣氛為之一變，在場的人都撫掌稱妙，讚不絕口。

費老先生在乘興揮毫之時不留神落了一個字，未免讓人覺得可惜，然而他靈機一動，以「酒後失話」為由為自己辯解，一語雙關，情趣頓生，不僅表達了歉意，彌補了缺陷，還為這幅墨寶帶來了一段趣話。

2‧別致的道歉

直接道歉，在某些情況下可能會使自己和對方都會產生尷尬，造成不太好的局面，但如採用巧妙別致的方式道歉，可以使對方在驚訝感動之餘，不計前嫌，欣然接受。

在一次戰役期間，戰爭很快就要打響了，但是卻有電報從前線發來說，軍隊雖已進入戰役發起前的待命地域，可是有的部隊已斷糧了，希望總部速補給。

總司令看罷電文，怒不可遏，他派人把管後勤的副司令叫來，把電報扔給他，說：「你這個副司令怎麼搞的？仗還沒打就讓部隊餓肚子，怎麼得了！」

副司令卻很冷靜，他很有把握地表示：「這個電報

情況反映不準確。」他堅持說前線軍隊有糧，並要派人調查。

總司令到了前線，前線軍長一臉歉意地解釋：「我們還有3天的存糧，電報反映的情況不準。」

總司令知道自己錯怪了後勤的副司令，他包了一個梨送給副司令員，笑著說：「我錯怪你了，送給你一個梨，吃梨，吃梨，我給你賠個梨（禮）！」一場誤會煙消雲散。

總司令在沒有具體瞭解電報反映的情況下，對管後勤的副司令大發雷霆，在瞭解了真實情況後，總司令以送梨的方式向對方賠禮道歉，形式別致，語意雙關，既表達了自己的歉意，又驅散了對方心頭的烏雲。

3‧讚美的道歉

一般說來，在道歉時責備自己大家能做到，但是卻常常忘了稱讚對方幾句。其實，讚美法是道歉的一個好方法。

在道歉的時候，稱讚對方，讓對方獲得一種自我滿足感，知道自己是正確的，別人是錯誤的，這樣能輕而易舉地獲得對方的諒解。例如，當你用言語傷害了同一公司一位平常挺關心你的同事之後，你向他道歉，話可以這樣

說：「我早就想跟你說，當年我們一起到公司，你對我一直很關心，像個老大哥似的，後來只怪我不懂事，做了些不恰當的事……」「當初說的一些話是我不對，知道你寬宏大量，一定能原諒我的過錯。」對方聽了你這番話，會自然而然的原諒你了。

根據場合，巧妙地運用合適的道歉方法，能有著單純的一句「對不起」達不到的效果，這是年輕人應該學習的地方。

有所問，有所不問

與人說話時，總離不開提問。年輕人要學會在提問時把握好一個限度，做到有所問，有所不問。

有時候該問的，要明知故問，對方會認為你很關心他，所以對你很有好感。他可能會接著你的話題，滔滔不絕地說下去，並且有可能說得心花怒放。

明知故問，就是明明知道也要問。比如，問對方最得意的事，問對方最想讓大家知道的事，問對方不便說的事，只能借你的口說出的事。這樣，你就可以贏得別人的好感，增進彼此之間的友誼，使雙方的心彼此更貼近。

同樣，有些不該問的東西，即使你想問，也不要去問，諸如：「你今年多大啦？」「為什麼還不結婚呀？」等等，這些話題，有時對方不便作答，自然而然會對你的問話很反感，會因此而討厭你，對你敬而遠之。

有的年輕人則是無事不問，他們最喜歡探問別人的私事及祕密新聞。有時為了增加他閒談的資料，有時僅僅是為滿足好奇心，即使與自己無關的事，仍然喜歡追問到底。如果是對方適當的關心，會令人覺得舒心，但若整天喋喋不休，則十分令人厭煩了。這種看似微不足道的事往

20幾歲，
Twenty Something, All at Once
一次到位

往具有不可估量的殺傷力。

人到了一定的年齡而不結婚，似乎變成了「眾矢之的」，經常有人關心，甚至「嚴重關切」。遇到認識的人時，總被問道：「你怎麼還不結婚？」「什麼時候請喝喜酒啊？」

沒結婚，其實是個人的問題。但別人卻表現出「極度關心」的樣子，有的人還偷偷打聽「他長得也不錯，怎麼還不結婚？是不是有什麼問題，有什麼毛病？」這種問題傷及了他人的自尊，往往會被毫不客氣地駁斥回來。

每個人內心深處都有一種本能的維護自己內心祕密的情緒、遇到別人不得體的詢問，就可能自然產生反抗心理，這就造成一種有時問者尚不經意，被問者常常不由心生厭煩，厭煩這種交際方法，甚至厭煩這個問話的局面。

無事不問會使自己變得淺薄庸俗，也不可能獲得真正的朋友。在你打算問對方某個問題的時候，最好先在腦中想過一遍，看這個問題是否會涉及對方的隱私，如果涉及了，要盡可能地避免，這樣對方不僅會樂意接受你，還會因你在應酬中得體的問話與輕鬆的交談而對你產生好印象，為繼續交往打下良好的基礎。

首先，對方不知道的問題不宜問。
如果你不能確定對方能否充分地回答你的問題，那

麼你還是不問為佳。如果你問一位醫生：「去年發生在本市的肝炎病例有多少？」這個問題對方很可能就答不上來，因為一般的醫生誰也不會去費神記這些數字。要是對方回答說「不清楚」，就不僅使答者失體面，問者自己也會感到沒趣。

其次，有些問題不宜刨根問底。

比方說，你問對方住在哪裡，對方回答說「在台北」，那你就不宜問下去。如果對方高興讓你知道，他一定會主動地說出，而且還會說「歡迎光臨」之類的話。否則，別人不想讓你知道，你也就不必再問了。此外，在問其他類似問題時，也要注意掌握問話尺度，要適可而止。

第三，不打探別人的隱私。

在與別人交際中，為了避免引起別人的不快，一定要避免提問對方的隱私。比如：

「哪年出生的？」

「你一個月賺多少錢？」

「你為什麼還不結婚？」

「你是不是在外面有份兼職？」

打聽這些個人隱私的問題惹人反感，甚至導致「戰爭」爆發。

第四，不要問同行的營業情況。

同行相忌，這是一般人的心理，在激烈競爭的社會裡，往往人都不願意把自己的營業情況或祕密告訴一個可能的競爭對手。即使你問到這方面的問題，也只能自討沒趣。

在人際交往中，不該問的想問也不要問。凡對方不願意別人知道的事情都應避免問。要時刻記住一點，交往的目的是引起對方的興趣，不是使任何一方感到沒趣。

左右為難的問題，如何回答

　　年輕人在與人交往中，有時會面對一些左右為難的問題，不知道如何回答才好。其實，回答左右為難的問題並非難上加難。

　　有一回，乾隆皇帝想開個玩笑以考驗著名才子紀曉嵐的辯才，便問紀曉嵐：「紀愛卿，『忠孝』二字當做何解釋？」

　　紀曉嵐答道：「君要臣死，臣不得不死，是為忠；父要子亡，子不得不亡，是為孝。」

　　乾隆立刻說：「那好，朕要你現在就去死。你怎麼辦？」

　　這實在是不好回答的問題，若回答不去死，則屬違抗聖旨；回答去死，未免太冤。怎麼回答呢？紀曉嵐靈機一動，有了主意，說道：「臣領旨！」

　　「你打算怎麼個死法？」

　　「跳河。」

　　「好吧！」乾隆當然知道紀曉嵐不可能去死，於是靜觀其變。不一會兒，紀曉嵐回到乾隆跟前，乾隆笑道：

「紀卿何以未死？」

「我碰到屈原了，他不讓我死。」紀曉嵐回答。

「此話怎講？」

「我到河邊，正要往下跳時，屈原從水裡向我走來，他說：『曉嵐，你此舉大錯矣！想當年楚王昏庸，我才不得不死；可如今皇上如此聖明，你為什麼要死呢？你應該先回去問問皇上是不是昏君，如果皇上說他跟當年的楚王一樣是個昏君，你再死也不遲啊！』」

乾隆聽後，放聲大笑，連連稱讚道：「好一個如簧之舌啊！」

這裡，乾隆是根據紀曉嵐提出的「君要臣死，臣不得不死，是為忠」之論叫他去死，此令順理成章，紀曉嵐怎樣回答都很難，於是聰明地採用了迂迴出擊的辦法，到最後，反把難題留給了皇上。乾隆當然不能承認自己是昏君，所以，紀曉嵐很自然地把自己從「死」中解脫出來。這一招，既沒有損害乾隆面子，又點出了他的無理之處，還博得了皇帝的誇獎。

現實生活中對於一些不能得罪的人提出的難題或者無理的要求，年輕人不要急於做正面的反擊。可以採取迂迴的技巧，避免與對方正面衝突，在抓住對方漏洞的前提下，再不動

聲色地反擊，從而反敗為勝。有些兩難的問題，如果直接回答，無論是哪種答案都不妥，這時不妨運用上述方法，也許能讓自己巧妙的解脫。

應對不同類型人的說話技巧

　　年輕人在與別人溝通的時候，要看對方是什麼人然後再「出菜」，因為每個人的脾氣秉性不同，所以別人能接受的說話方式也不一樣。倘若能夠明白對方屬於何種類型，說起話來就容易多了。

　　那麼，對於不同的類型，年輕人到底該如何說話呢？

1・沉默寡言的人

　　和不愛說話的人交談，實在是非常吃力的事情，因為對方太沉默，你就沒辦法瞭解他的想法，更無從得知他對你是否有好感。

　　對於這種人，你最好採取直截了當的方式，讓他明確表示「是」或「不是」，「行」或「不行」，儘量避免迂迴式的談話，你不妨直接問：「對於A和B兩種方法，你認為哪種較好？是不是A方法好些呢？」

2・草率決斷的人

　　這種類型的人，乍看好像反應很快，他常常在交涉

進行到最高潮時，忽然作出決斷，給人「迅雷不及掩耳」的感覺。由於這種人多半性子太急，因此，有時候為了表現自己的「果斷」決定就會顯得隨便而草率。

像這樣的人，經常會「錯誤地領會別人的意圖」，也就是說，由於他的「反應」太快，經常會對事物產生錯覺和誤解。因此，雖使交涉進行得快，但草率做出的決定，多半會留下後遺症，招致節外生枝。

因此，與這種人交談時，最好把談話分成若干段，說完一段之後，馬上徵求他的意見，確定沒問題後再繼續進行下去。總之，你要瞻前還要顧後，如此才不至於發生錯誤，方可免除不必要的麻煩。

3．固執的人

固執的人是最難應付的。他們的原則性太強，儘管他們有時連自己在堅持什麼都不知道，但是無論你說什麼，他都聽不進去，只知道堅持自己的觀點，死硬到底。因此，在和這種人說話的時候，千萬要記住「適可而止」，否則，談得越多、越久，心裡越不痛快。

對付這種人，你不妨抱定「早散」、「早脫身」的想法，隨便敷衍他幾句，不必耗時費力，自討沒趣。

4．死板的人

這種類型的人,就算你很客氣地和他打招呼、寒暄,他也不會做出你預期的反應。他通常不會注意你在說些什麼,甚至你會懷疑他聽進去沒有。

和這種人交談,剛開始多多少少會感覺不安。遇到這種情況,就要花些時間,仔細觀察、注意他的一舉一動,從他的言行中,找出他所真正關心的事來。你可以隨便和他閒聊,只要能夠使他回答或產生一些反應,那麼事情就好辦了。接下去,你要好好利用這一話題,讓他充分表達自己的意見。

每一個人都有感興趣、關心的事,只要你稍一觸及,他就會滔滔不絕地說下去,此乃人之常情,所以必須好好把握並利用這種人的心理。

5‧深藏不露的人

這種人輕易不讓別人瞭解他的心思或知道他在想些什麼,有時甚至說話不著邊際,一談到正題就「顧左右而言他」。

與這種人打交道時,只需把自己預先準備好的資料拿給他看,讓他根據你所提供的資料,作出最後的決斷。

人們多半不願將自己的弱點暴露出來,即使在你要求他供出答案或作出判斷時,他也故意裝作不懂,或者閃爍其詞,使你有一種「高深莫測」的感覺。其實這只是對

方偽裝自己的手段罷了。

6．毫無表情的人

人的心態和感情，常常會透過面部表情顯現出來，所以在與人交談的時候，這些往往可以作為判斷情況的工具。

然而，有些人卻毫無表情可言，也就是說，他的喜怒是不形於色的，這種人不是深沉的就是呆板的。當你需要和這種人進行交談的時候，最好的方法就是特別注意他的眼睛和下巴。

與這種人溝通，別被他的表情嚇住，一定要放鬆，做到從容不迫。但要注意的是，當你明白對方的反應可能是受自己的應對態度所影響，進而影響到結果時，就不得不特別注意和研究一下自己的言行舉止了。

7．傲慢無禮的人

這種人自視清高、目中無人，時常表現出一副「唯我獨尊」的樣子，是最不受歡迎的人。但是，當你不得不和他接觸時，你該如何對付他呢？

對付這一類型的人，說話應該簡潔有力，最好少跟他囉唆，所謂多說無益，因此，你要儘量小心，以免掉進他的圈套。

能說善道不僅要有嘴上功夫，更要有「見人出菜」的能
力，不同的人，要用不同的方法應對。

招人反感的五種說話方式

在不同的時間場合下說話，在不同的情緒狀態下說話，因此，每個人說話都難免會出錯，想要句句都動聽是不可能的。但是我們可以儘量避免幾種主要的招人討厭的說話方式，讓我們來看看年輕人在說話時具體有哪些細節容易招來別人的反感。

1‧反覆講同一件事

很多年輕人喜歡翻來覆去地說一件已經說過好幾遍的事，這件事情他可能覺得很有趣或者是一件可以拿來炫耀自己的事情，於是翻來覆去地講好幾遍。要知道，你感興趣的事情別人不一定同樣感興趣，而且，再有趣的事也經不起來回來去地重複。反覆講同一件事，不但讓人厭煩，還會讓別人覺得你很無趣，說來說去就是那幾件事。

而作為一位聽眾，此時，就要練一練忍耐的美德了。唯一能做的就是耐心傾聽，在心中想想他可能記憶力不好，而且他說話時充滿誠意，你就用同樣的誠意接受他的善意。但如果說話的人滔滔不絕而你又毫無興趣，那麼就要想辦法終止他繼續講下去，最好的方法是不動聲色地

20幾歲，
Twenty Something, All at Once
一次到位

將話題引向對方在行而自己又感興趣的內容。

2‧胡亂恭維和炫耀

嘴巴甜是好事，但切記不要胡亂恭維，在同事、朋友面前，如果過分恭維一個人，會給人留下諂媚的印象，而且無形中讓其他人覺得你瞧不起他們，當他們不存在。

年輕人說話時容易犯的另一個毛病是炫耀，例如和妻子（老公）去哪裡度假，住的是多麼豪華的飯店，男（女）朋友送了多麼貴重的禮物，等等，尤其是在經濟條件不如自己的朋友面前，這樣話很容易傷到別人的自尊心，即使是有口無心，也會讓人覺得你是故意炫耀，故而討厭你。

3‧無動於衷

在說話時，別人最怕對什麼都無動於衷的人，所以和別人談話時要有所反應。時不時點頭微笑；時不時對別人的觀點表示贊同；時不時提出自己的意見；聽到別人迸發出的妙語警句時，不妨大大讚賞一番。既要善於聆聽對方的意見，也要適時發表個人意見。一般不提與話題無關的事；更不要左顧右盼、心不在焉；也不要漫不經心地看手錶、伸懶腰、玩東西等表現出不耐煩。

4‧詢問別人的隱私

　　有些年輕人的好奇心似乎天生比較強，這一點說話時要特別注意，在社交場合或與外賓談話時，「見了男士不問錢，見了女士不問身」。不要徑直詢問對方履歷、薪資收入、家庭財產、衣飾價格等私人生活方面的問題。與女士談話不要說她長得胖、身體壯、保養得好等，對方不願回答的問題不要追問，也不要追根問底。不慎談到對方反感的問題時，應及時表示歉意，或立即轉移話題。

5‧說話尖刻難聽

　　說話尖刻足以傷人情，而最終是傷自己。人都有不平之氣。若覺得對方言語不入耳，不妨充耳不聞；若覺得對方行為不順眼，不妨視而不見。不必過分計較，更不要伺機嘲弄、冷言冷語，甚至指桑 槐。這樣不僅會使對方難堪，而且也顯得自己很沒度量。

　　把話說好大概是世界上最難的一件事，因為我們每天都要和不同的人說話，在說話時，一定要避開以上這五種招人反感的說話方式，提升自己受歡迎的程度。

請人幫忙如果自己沒有把握，

可以找個能說善道的人從中串通，

就能使事情好辦得多。

永續圖書
線上購物網

www.foreverbooks.com.tw

◆ 加入會員即享活動及會員折扣。

◆ 每月均有優惠活動，期期不同。

◆ 新加入會員三天內訂購書籍不限本數金額，
即贈送精選書籍一本。（依網站標示為主）

專業圖書發行、書局經銷、圖書出版

永續圖書總代理：

五觀藝術出版社、培育文化、棋茵出版社、達觀出版社、
可道書坊、白橡文化、大拓文化、讀品文化、雅典文化、
知音人文化、手藝家出版社、璞坤文化

活動期內，永續圖書將保留變更或終止該活動之權利及最終決定權。

書　　名：20幾歲，一次到位
購買書店：＿＿＿＿＿＿市／縣＿＿＿＿＿＿＿書店
姓　　名：＿＿＿＿＿＿＿＿＿＿＿＿＿
身分證字號：＿＿＿＿＿＿＿＿
電　　話：(私)＿＿＿＿＿＿(公)＿＿＿＿＿＿(傳真)＿＿＿＿＿
E-mail：＿＿＿＿＿＿＿＿＿＿＿＿＿＿＿＿＿＿
地　　址：□□□＿＿＿＿＿＿＿＿＿＿＿＿＿＿＿＿
年　　齡：□20歲以下　　□21歲～30歲　　□31歲～40歲
　　　　　□41歲～50歲　□51歲以上
性　　別：□男　□女　　婚姻：□已婚　□單身
生　　日：＿＿＿＿年＿＿＿月＿＿＿日
職　　業：□學生　　　□大眾傳播　□自由業　□資訊業
　　　　　□金融業　　□銷售業　　□服務業　□教
　　　　　□軍警　　　□製造業　　□公　　　□其他
教育程度：□國中以下（含國中）　□高中以下
　　　　　□大專　　□研究所以上
職 位 別：□在學中　□負責人　□高階主管　□中級主管
　　　　　□一般職員□專業人員
職 務 別：□學生　　□管理　　□行銷　□創意 □人事、行政
　　　　　□財務、法務　　　□生產　□工程
您從何得知本書消息？
　　　　　□逛書店　　□報紙廣告　□親友介紹
　　　　　□出版書訊　□廣告信函　□廣播節目
　　　　　□電視節目　□銷售人員推薦
　　　　　□其他
您通常以何種方式購書？
　　　　　□逛書店　　□劃撥郵購　□電話訂購　□傳真訂購
　　　　　□團體訂購 □信用卡　　□DM　　　□其他
看完本書後，您喜歡本書的理由？
　　　　　□內容符合期待　□文筆流暢　□具實用性　□插圖
　　　　　□版面、字體安排適當　　□內容充實
　　　　　□其他
看完本書後，您不喜歡本書的理由？
　　　　　□內容不符合期待　□文筆欠佳　□內容平平
　　　　　□版面、圖片、字體不適合閱讀　□觀念保守
　　　　　□其他＿＿＿＿＿＿＿＿＿＿＿＿＿＿＿＿＿
您的建議
＿＿＿＿＿＿＿＿＿＿＿＿＿＿＿＿＿＿＿＿＿＿＿
＿＿＿＿＿＿＿＿＿＿＿＿＿＿＿＿＿＿＿＿＿＿＿

剪下後請寄回「22103新北市汐止區大同路三段194號9樓之1讀品文化收」

221-03
新北市汐止區大同路三段 194 號 9 樓之 1

讀品文化事業有限公司

編輯部　收

請沿此虛線對折免貼郵票，以膠帶黏貼後寄回，謝謝！

讀品文化
Spirit Surprise

為你開啟知識之殿堂